지역의 발명

지역의 발명

이무열 지음

역동적인 생명활동의 터전으로 마을을 새롭게 창조하는 법

COOPERATIVE
착한책가게

이제 다시 지역에서
살아갈 수밖에 없지 않을까

세계를 단번에 셧다운시킨 코로나19 팬데믹으로 닫혔던 국경과 학교, 공원, 체육관 등에서 일상의 문이 다시 열리고 있다. 하지만 여전히 우리는 미래의 불확실성에 우려와 위기감을 느끼고 있다. 모호하고 변덕스러운 세상 속에서 혼자 고립된 듯한 위기와 불안감 없이 살 수는 없을까?

'위기가 기회다'라는 역설을 위로 삼아 절박한 위기감 속에서 한 줄기 희망의 빛을 찾는다면 그건 바로 로컬(local), 15분 도시, 지역자치, 도시재생, 골목상권, 오도이촌(5일은 도시에서 2일은 농촌에서 사는 생활), 이도향촌(도시를 떠나 농촌으로 이주) 등 마을과 지역에 다시 주목하는 최근의 경향이다. 근대산업문명은 그동안 '더 크게, 더 많이, 더 빠르게'라는 자신의 시대를 대표하는 슬로건에 따라 물질적 성장만을 쫓다가 결국 기후와 생태계를 망가트린 끝에 '인류세'라는 말을 탄생시키면서 더는 지속될 수 없는 지경에 이르렀다. 사물이 극에 달하면 반드시 반전한다는 물극필반(物極必反)이라는 말처럼, 위기의 한가운데에서 근대산업문명을 대신할 대안으로 지역이 주목받고 있는 것이다. 이제야 근대산업문명을 지탱하는 고립과 경쟁, 배금주의, 무한 소비 등이 불러온 파국적 위기를 해결할 수 있는 능력이 지역에 있다는 것을 깨달은 것일까.

눈 밝은 시민들을 비롯해 혁신가, 사회적경제인, 행정가, 정치인들이 알아차린 것처럼, 지역은 인간과 다른 생명 모두가 지속가능하게 살아갈 수 있게 하는 자치와 돌봄에 기초한 삶의 문화를 품고 있다. 아울러 지역은 서로가 가진 것을 받고 주고 나누며 자기살림과 서로살림을 하는 순환경제의 터전이다. 21세기의 복합적인 위기를 맞닥뜨린 지금, 지역은 더 늦지 않게 수도권과 대도시를 필두로 자본주의를 다시 성장시키려는 망상의 집합체인 도시화에서 벗어나야 한다. 자치와 돌봄, 순환경제를 앞세워 중심에서 다(多)중심으로, 수직에서 수평으로, 획일성에서 다양성으로 옮겨감으로써 건강함을 되살려야 한다.

얼마 전까지만 해도 코로나 19 팬데믹의 원인으로 선형적 성장, 중앙 집중, 도시화와 같은 근대산업문명의 문제가 지목을 받으면서 이를 되짚어보는 움직임이 있었다. 하지만 이러한 사회 분위기는 어느새 사그라들고 다시금 이성의 과학을 앞세워 개발과 성장을 재촉하고 있다. 이 속도에 맞추어 전국 모든 지역에서 너나할 것 없이 도시재생과 지역활성화 사업이라는 이름으로, 새로운 건물이 들어서고 도로가 닦이고 이익과 일자리 수에 급급한 협동 없는 협동조합들이 만들어지고 있는 중이다. 또한 인구가 줄어들고 활력을 잃어가는 지역 소도시에는 도시재생, 문화도시, 청년 지역정착 사업 등 정부가 지원하는 정책사업이 쏟아지고 있다. 이렇게 사업을 지원하면 행정과 전문가들이 의도한 대로 위축된 지역이 되살아나야 하겠지만 현실은 그렇지 않다. 게다가 국내 도시재생, 사회적경제 사업은 정치적 편의에 따라 재단되고 왜곡되고 있다. 이에 더해 기후우울증과 은둔형 외톨이 등의 사회적 병리 현상이 늘어나면서 청년들과 소수자들의 자살률이 높아지고 있다. 또한 영동지역의 산불과 전국을 휩쓴 폭우는 기후위기가 눈앞에 있다는 것을 여실히 보여준다. 지금 우리는 끝없는 탐욕으로 누군가의 것을 빼앗음으로써 존재하는, 다른 이를 돌볼 수 없는 근대산업문명의 맨얼굴을 보고 있다.

다시 말하지만 지금 우리가 겪고 있는 일상의 위기를 불러온 것은 개발과 경쟁, 소유와 소비로 특징지을 수 있는 근대산업문명이다. 우리가 지금을 살아가려면 서둘러 근대산업문명에서 벗어나서 나와 이웃이, 이웃과 자연이 서로 돌보고 받고 주고 나눔으로써 생명이 순환되고 삶이 제대로 실현되는 지역으로 돌아가야 한다. 우리 앞에 다른 길은 있을 수 없다. 경계를 무너트리고 균형을 깨트리며 치닫는 근대문명에 대한 대안은 자치와 돌봄, 순환으로 균형을 이루는 지역일 수밖에 없기 때문이다.

지역으로 돌아가자는 것이 지나온 과거 생활로 회귀하자는 말은 아니다. 사람들의 생활을 둘러싼 모든 것이 시시각각 달라지는 만큼 지역도 이제 늘 새롭게 발명되어야 한다. 오랜 시간 지역을 만들어오며 축적된 자기 정체성을 바탕으로 역동적인 생명활동의 터전으로 다시 태어나야 한다. 거스를 수 없는 생명의 순리처럼 '변하지 않지만 변해야 하는 곳'이 지역이다. 이렇게 '지역의 발명'은 지역을 지역답게 하는 것들을 다시 돌아보게 하고, 생활 환경의 변화에 따라 새로운 지역으로 발명할 수 있는 방법을 안내한다.

이 책은 크게 두 가지 방향으로 구성되었다. 하나는 트렌드와 시장의 프레임에서 벗어나 '지역의 발견'이라는 이름으로 근본적인 지역성을 찾아가는 것이다. 여기에 해당되는 1부는 '지역을 어떻게 바라볼 것인가?'를 화두 삼아 그동안 너무나 당연시했던 장소, 시간, 인구 등의 주제를 중심으로 지역이 지닌 근원적인 생명력을 인문학적인 관점에서 재해석했다.

또 하나는 변하는 지역을 발명하는 방법이다. 이에 해당하는 2부에서는 '지역의 발명'이라는 주제로 사회·문화 각 분야에 걸쳐 지역이 어떤 가능성을 품고 있는지 살펴본다. 아울러 누구보다 먼저 지역의 중요성을 알아차리고 지역의 발명을 계획하고 실천한 국내외 사례를 인터뷰 방식으로 소개한다. 인터뷰에는 국내에도 커뮤니티 디자이너로 잘 알려진 스튜디오 L의 야마자키 료 대표님, 공동체운동과 협동운동에서 인문학의 중요성을 글과 강연으로 소개하는 인문운동가 이남곡 선생님, 강화도에서 진강산공동체를 꾸리며 함께 공부하고 일하고 나누는 지역공동체의 사례를 만들고 있는 유상용 대표님, 대전 대덕구에서 미호동넷제로공판장을 만들어 기후위기에 대응하는 새로운 마을과 사업 모델을 개척하고 운영 중인 양흥모 이사장님이 함께해주셨다.

지역을 발명하는 구체적인 방법으로는 최근 주목받는 혁신 모델과 마케팅 모델, 커뮤니티 디자인 모델 중에서 '지역의 발명'에 효과적으로 적용할 수 있는 내용을 통합해서 소개한다. 지역활동의 당사자인 주민들을 지역에서 어떻게 만나고 어떻게 활동에 참여하게 할지 등의 활동 방법을 현장에서 적용할 수 있는 워크숍 방식으로 안내했다.

처음 글을 준비할 때부터, 지역전문가가 아닌 관계와 창조를 생성하는 브랜딩 기획자 입장에서 주민 스스로 오랫동안 지역 안에 축적된 다양한 자산을 바탕으로 지역을 새롭게 발명하고 실천해가도록 도울 수 있으면 했다. 그래서 일하는 현장은 달라도 도시재생, 지역자치, 로컬 크리에이터, 돌봄활동가, 골목상권, 사회적경제, 중간지원기관, 행정가, 지역정당 등을 비롯해 위기를 기회로 만들 수 있는, 지역의 중요성을 깨달은 모든 분과 이 책으로 연결되고 싶다. 지역은 새로운 세상을 바라는 모두의 활동을 연결할 수 있는 장이기 때문이다. 이분들과 자치와 돌봄, 순환으로 진화하는 지역을 만들어가고 싶은 바람이 있다.

끝으로 책 제목을 '지역의 발명'으로 한 이유를 밝히자면, 발명이 지닌 특징처럼 주민, 공무원, 활동가, 전문가 등 인간뿐 아니라 풀, 나무, 건물, 학교 등 비인간까지 포함한 지역을 구성하는 행위자 사이에서 지역이 어느 순간 부지불식간에 창조되는 사건적 특징을 강조하고 싶었다. 여기서 사건은 지역의 가능성을 새롭게 창조하는 전제조건이 된다. 이렇게 발명은, 지역을 구성하는 다양한 행위자들의 믿음과 욕망이 연결되는 연대와 협동을 끊임없이 흐르게 한다.

이 책이 나오기까지 지면을 마련해준 생태적지혜연구소 편집부와 생명으로 살아가는 길에 길동무가 되어준 생명학연구회, 사단법인 밝은마을의 생명사상연구소, 지리산연찬과 부족한 글을 채울 수 있게 영감과 아이디어를 자극해준 착한책가게에 감사의 인사를 전한다.

차 례

~~~~~~~~

2부 지역의 발명

지역에서, 사람들과 함께, 곧바로 해볼 수 있는 것들

지역을 발명하는 세 가지 희망의 가설

지금 여기에서 지역은 문제이자 희망이다. 문제가 희망이 되기 위해서는 '문제가 무엇인지', '문제가 되는 이유는 무엇인지'를 공감하고 통찰하는 과정과 함께 '어떻게 문제를 해결할 수 있는지' 상상하고 실천할 수 있는 희망의 가설이 필요하다.

지역을 둘러싼 위기와 희망에 대한 가설은 '주민들 스스로가 누가(who), 어떻게(how), 무엇(what)을 할 수 있는가?'에 대한 답을 찾는 과정이다. 즉 자기 욕망과 지역 안팎에서 끊임없이 작동하는 자연 및 사회 환경의 위해 요인들을 연결해가면서 개인의 삶과 사회문화를 전환하는 새로운 이야기다. 기존에 알고 있는 지식과 습관처럼 익숙해진 방법만으로는 위기와 희망에 대한 가설을 쓰기 어렵다. 새로운 발명이 필요하다.

'발명'이라고 해서 어느 한순간 미래의 이름으로 한 번에 바꿔는 것은 아니다. 과거가 현재와 미래를 만들고, 미래가 과거와 현재에서 이어지는 것처럼 삶의 흐름과 같은 것이라 할 수 있다. 차이가 있다면 좀 더 나은 방향으로 진화되어 간다는 것뿐이다.

'지역의 발명'은 주민들 스스로 각자의 방식으로 자기를 돌보고, 이웃과 다른 생명을 서로 돌보며 더불어 살아가는, 일상생활에서의 문화와 경제가 순환하는 지역 생태계를 새롭게 회복하고 창조하는 일이다. 복합적인 관계로 개인을 늘 위태롭고 불안한 생활에서 해방시키는 일이다.

지금까지와는 다른 새로운 방식과 관점으로 지역을 발명할 때 강조하고 싶은 점을 세 가지로 정리해보았다. '지역의 발명'을 위한 희망의 가설이라 이름 붙일 수 있다. 다음의 가설들을 하나씩 살펴보다 보면 왜 지역을 새롭게 '발명'해야 하는지, 그 필요성을 실감할 수 있을 것이다.

가설 1. 개방되고 느슨한 연결과 공감이 공동체성을 살린다.
주민이나 지역활동을 하는 사람들은 지역을 회복하는 것이 마치 예전 모습을 그대로 지키는 것이라고 착각하는 경우가 많다. 살아가는 지역이 멈추거나 박제화되지 않는 이상 그럴 수는 없다. 지역도 자연과 사회 환경의 변화에 따라 늘 변화하고 있다. 그들이 지키려고 하는 지역은 고착화되거나 폐쇄된 지역이 아니라 지역성 안에서 개방되고 진화하는 지역이다. 회복은 원래 있던 곳으로 돌아가는 것이 아니라 가치를 재구성하는 것이다.

지역에서 다양한 세대를 만나다 보면 공동체의 과거와 미래를 볼 수 있다. 기성세대는 공동체성을 모두가 함께 정해진 규범에 따라야 하는 것으로 여기고 공공을 위해서 자신을 희생하는 것을 미덕으로 알았다. 반면에 청년세대가 표방하는 공동체성은 자아활동의 연장선으로, 자연스럽게 나와 공동체를 연결 짓는다. 자연스럽다는 것은 나와 공동체가 구분되지 않고 개인의 삶 그대로가 편안하게 공동체와 함께한다는 것이다. 그러다 보니 공동체와 느슨하지만 공감할 수 있는 정도로 연결된다. 자기의 취향과 문화와 맞지 않는 집단 공동체에 묶일 필요도 없고 묶이지도 않는다.

이 책에서 이야기하고자 하는 지역의 발명은 청년세대의 공동체성에 가깝다. 개개인이 지닌 다양한 성향을 인정하고, 나와 다른 개인들이 만나 구성된 공동체 안에서 다양한 일을 즐기며 우리가 살아가는 지역을 만드는 일이다. 전체를 아우르는 집단의 지배에서 벗어나 공감과 지지로 더불어 살아가는, 네트워크 개인주의, 포용적 개인주의에 따른 방법이다.

가설 2. 다양한 삶의 경험과 욕망을 지닌 주민들이 스스로 발명한다.

아직까지도 지역사업 정책과 사업 지원은 관리하기 쉽고 짧은 시간에 눈에 보이는 성과를 확인할 수 있는 일들, 공동시설을 짓거나 마을을 보수하는 등의 하드웨어 건설 사업에 집중되어 있다. 오히려 자기 나름의 방식으로, 내가 살고 싶은 곳으로 지역을 매력적으로 재생할 수 있는 콘텐츠에 대한 지원은 제한적이다. 도시재생이나 주민자치 등 주민 주도를 강조하면서 주민 프로그램을 운영하고 있지만 실제로는 전문가 주도의 학습 프로그램에 지나지 않는 경우가 허다하다. 또 몇몇 주민이 갖가지 사업에 대표성을 가지고 참여하는 반면 대다수 주민들은 참여하기가 쉽지 않아, 지역사업의 원칙이라고 할 수 있는 자기 주도성과 관계를 만들어내지 못하고 있다. 지역마다 문 닫힌 채 사용되지 않는 시설과 운영주체인 주민들의 불만을 보더라도 지역재생 사업은 주민들의 자기 주도성에서 많이 벗어나 있다.

지역의 발명은 제한된 시간과 예산으로 정량적인 성과를 내는 것과는 다르다. 행정과 전문가가 성공한 사례를 벤치마킹해서 빠르게 기획하고 집행하는 선형적인 사업방식이 아니다. 계속되는 사업과정에서 자기 안에 다양한 삶의 경험과 욕망을 지닌 주민들이 갈등과 실패를 수용하며 살고 싶은 지역을 스스로 발명하고 실천하는 일이다.

가설 3. 중앙 집중화된 문화에서 벗어나 '차이'를 존중한다.

지역은 아직도 수도권의 상대적 개념이자 종속된 위치로 인식되고 있다. 중앙을 기준으로 삼고 이에 집중된 문화에서 벗어나지 못하고 있다. 중앙에 집중된 문화는 다양성과 독립성을 인정하지 않는다. 무엇이든 표준화된 자기방식에 따르기를 강요하고 자기를 위해 존재하기를 바란다. 인간 중심으로 지구를 사용해서 나타난 기후재난과 승자 중심의 불평등은 이러한 중앙 집중화된 문화에서 비롯된 것이다. 사회를 병들게 하는 문제는 외과수술 하듯 도려낸다고 해서 해결되는 것이 아니다. 문제를 만든 근본원인을 찾아서 해결할 때 풀린다.

지역의 발명과 기후위기는 연관이 깊다. 6번째 인류 대멸종의 위기를 해결하려면, 중앙에 집중된 문화를 해체하고 다양한 지역에서 자기 지역의 독특한 문화를 지키면서 지역 안의 이웃과 서로 돌보며 내재적 살림살이로 진화하는 방식을 계획해야 한다. 생태적으로는 비인간의 삶의 방식까지도 존중하는 일이기도 하다.

건강한 진화를 위해 지역을 발명할 때 중요한 점은 '차이'가 주는 특이성이 매력이 될 수 있도록 해야 한다는 것이다. '차이'는 그 자체로 서로를 보완해주며 기대어 살 수 있는 호혜적인 관계를 만들어가는 바탕이다. 그래서 '차이'는 존중받아야 한다. 소수자를 배제하고 표준에 따라야 하는 배타적 '차이'가 아니라 '다른 것'이 만들어내는 기쁨과 창조의 융합적 '차이'로 바뀌어야 한다. 이럴 때 수도권에 집중된 문화에서 벗어나 차이가 만들어내는 다양성과 독립성이 서로 조화를 이루며 더 큰 우리를 만들어낼 수 있다.

세 가지 희망의 가설은 개방, 폐쇄, 자치, 연결, 개성, 융합, 관용으로 짜여있다. 개방과 폐쇄, 자치와 연결, 개성과 융합이 역설적이기는 하지만 관용이 이 차이를 넘어 지역을 발명으로 이끈다. 이렇게 지역마다 행정과 전문가들이 소개하는 성공 모델을 참고하되 자기 지역에 맞는 새로운 방식의 가설을 세우고 실험하는 것이 중요하다. 이런 모델을 메타모델(초모델)이라 부른다. 메타모델은 기존 모델과 사례를 답습하지 않고 참고할 뿐이다. 대신 역동적인 행위자들에 의해 자기만의 모델을 만드는 방법이다. 여기서의 행위자는 주민과 행정, 전문가들과 같은 인간뿐 아니라 기후, 공장, 바이러스, 물가 등 사회를 구성하는 요소들 전체를 포함한다. 국내외의 성공사례가 표준이 되어, 각 지역이 지닌 차이를 무시하고 차이 없이 똑같이 진행되는 지금과 같은 지역사업은 지역의 희망이 아니다. 희망의 가설은 지역에서 살아가는 주민들이 모여 열린 마음으로 직접 계획하고 실천해야 한다.

1부

지역의 발견

지역이 지닌 정체성과 다양성으로
전환의 해법 찾기

1
지역은 무엇일까?
: 공간과 시간

지역에 대해 사람이 중심이 되는 기준을 정하려면 공간적 정의와 더불어
오랫동안 사람들의 생활이 지속되어온 시간을 함께 고려해야 한다.
지역에는 사람과 시간과 공간이 만든 문화가 필요하다.

왜 지역이며, 지역을 어떻게 이해하고 설명할 수 있을까? 이
는 지역에 관심이 있는 사람이라면 한번쯤 떠올려봤을 법한 질
문이다. 지역자치, 지역경제, 지역문화, 로컬택트(Localtact) 등
과 같이 예전부터 지금까지 지역생활을 위해 필요한 일, 그리
고 지역에 필요한 정책·문화·산업 등에 지역이라는 이름을 붙
인다. 하지만 정작 지역이라는 말을 쓰는 사람에 따라, 또 하는
일에 따라 지역에 대한 생각과 규범이 다르기 때문에 서로 공
감하기가 쉽지 않다. 중앙(수도 또는 수도권)을 중심으로 수도권
에서 벗어난 지역(지방)을 떠올리기도 하고, 개발된 도시가 아
닌 농어촌을 떠올리기도 한다. 또 행정에서 관리를 위해 구분
해놓은 경계에 따라 구획된 일정한 면적을 일컫기도 한다.

그래서 지역의 발명을 위해서는 지역을 제대로 이해하고 설명하는 것이 중요하다. 그럴 수 있어야 중앙의 주변부나 개발이 덜 된 곳이라는 식의 중앙과 비교되고 중앙의 기준에 의해 정의된 지역이 아니라 자기만의 정체성을 가진 곳으로서의 지역을 제대로 볼 수 있다. 그래야만 자기 지역을 중심에 두고 사고할 수 있으며 지역에 어울리는 다양한 일을 계획할 수 있다.

'지역'을 떠올릴 때 꼭 있어야 하는 것

지역이라고 하면 먼저 지도 위의 평면적인 이미지를 떠올리게 된다. 머릿속에 지역을 생각하는 순간, 누군가의 필요에 따라 지도 위에 깔끔하게 선으로 나눠진 그만큼의 면적이 그려진다. 마치 아프리카와 중동국가의 국경선이 제국주의 이권의 펜으로 그려지고 정치인들의 지역구가 정치권력의 이해관계로 그려지는 것처럼 탐욕의 지도가 지역을 만들어낸다.

지역은 이처럼 이해관계를 반영하기도 하며 또 한편으로는 관리 단위가 되기도 한다. 행정상 효율적인 관리 단위로서의 지역은 공간과 기능으로 잘 정리된 듯 보인다. 하지만 관리 단위로서의 지역은 공감하기 어렵고 답답하다. 지역을 구성하는 '사람'과 '생활문화' 입장에서 볼 때 엄연히 존재하는 지역을 관리 단위에서는 중요하게 생각하지 않고 제대로 설명하지도 못하기 때문이다. 지역은 효율적인 행정 관리를 위한 영역이거나 지역구이기 이전에, 사람들이 어울려 일하고, 밥 먹고, 놀고, 아이를 키우는 등 돌봄의 생명활동이 이루어지는 곳이다. 사람들이 어울려서 서로에게 공감하고 공명할 때 하나의 지역문화가 생성된다. 단순히 사전에 적힌 대로 "일정하게 구획된 어느 범위의 토지나 어떤 특징으로 나눈 일정한 공간영역"만으로는 사람들이 생활(생명활동)*하는 공간으로서의 지역을 충분히 설명할 수 없다.

지역을 행정단위로 규정하면, 거꾸로 사람이 지역에 매이고 생활이 지역에 맞춰지는 불편한 일들이 벌어진다. 지역에 대해 사람이 중심이 되는 기준을 정하려면 '어디까지가 지역'인가 하는 공간적 정의와 더불어 오랫동안 사람들의 생활이 지속되어 온 시간을 함께 고려해야 한다. 지역에는 사람과 시간과 공간이 만든 문화가 필요하다.

사람×공간×시간=지역문화

사람들이 생활하는 시간과 공간 속에서 만들어진 문화는 지역을 설명할 수 있는 중요한 실마리가 된다. 문화(Culture)의 어

---

* 생명활동을 줄여 우리는 생활이라고 부른다.

원은 직접적으로는 '자연을 일구는 것(Argricultura)'에서 유래했고 은유적으로는 '정신과 영혼을 계발하는 것(Culturaanima)'을 뜻한다.

인류학자 타일러(E.B Tylor)는 "문화 또는 문명은 지식과 신앙, 예술, 도덕, 관습 및 인간이 사회 구성원으로서 습득한 다른 모든 능력과 습관을 포함하는 복합적 총체"라고 했다. 어원과 관습으로 보면 문화는 '지역이라는 공간에서 시간이 만들어가는 습관'이라고도 생각할 수 있다. 또 조한혜정 교수는 문화의 측면에서 지역의 중요성을 "나를 둘러싸고 있는 구체적인 공간이며 시간이자, 나를 구성해온 것이자, 내가 만들어갈 무엇"이라고 설명한다. 우리에게도 잘 알려진 독일의 철학자 하이데거는 직접적으로 "지역에서 거주한다는 것은 단지 그 지역에 거주한다는 의미에 그치는 것이 아니라 무엇이라도 자기본래대로 진가를 발휘하며 만개할 수 있도록 공간을 만들어내고 돌보는 것을 의미한다. 생활하는 것은 우선적으로 살리는 것이고 이는 더 오래된 의미로는 무엇이라도 그 자신이 될 수 있도록 자유롭게 존재할 수 있게 한다는 것이다. 그래서 지역에 거주한다는 것은 사물들을 돌보아 존재하게 하거나 그 자체가 되게끔 하는 것이다"라고 했다.

결국 지역은 오랜 시간에 걸쳐 인간과 비인간에 의해 구성되어온 문화를 있게 하는 구체적 공간이자 자신을 발견하고 이에 따라 서로를 돌보며 생활하는 곳이다. 다른 한편으로 지역은 사람들에게 장소감(Sense of Place : 장소의식), 장소애(Topophilia) 같은 장소 인식과 정체성을 갖게 하는 곳이기도 하다. 이렇게 문화와 지역은 불가분의 관계에 있다. 그래서 생활 속에서 만들어지는 문화를 중심에 놓고 생각해야 지역을 제대로 이해할 수 있고 한 지역의 범위가 만들어질 수 있다.

그렇다면 문화를 공유할 수 있는 적절한 규모와 범위는 어느 만큼일까? 생명사상가 김지하 시인은 적당한 공동체를 설명할 때 그 규모를 전통적인 마을 구성과 인류학자의 연구를 빌려와 호혜적 관계가 형성되고 작동될 수 있는 15, 50, 150, 300명 등의 점증적 규모로 제안한다. '던바의 수'로 알려진, 영국 인류학자 로빈 던바의 가설은 집단 구성원이 최대 150명일 때 상대방과 친밀한 관계를 쌓을 수 있다고 한다. 150명 집단에서는 개인이 개성을 발휘하고 자유롭게 행동해도 집단의 통일성이 유지되고 자율성과 유연성도 유지된다고 한다. 지역 연구자 샤프토(H. Shaftoe)는 살기 좋은 도시의 조건으로 지역과 연결되어 있다고 느낄 수 있는 인구 5,000명 이하, 지름 1km 이내의 곳을 들었다. 급격히 도시산업화되는 과정에서 이에 반하여 등장한 슬로시티 선언에서는, 지역은 인간적 삶이 가능한 적정인구 5만 명이 넘지 않는 곳이라고 규정한다. 하지만 지금은 교통과 통신 기술의 발달로 유목적 생활이 선호되고 생활이 복잡해진 만큼 도시 기능이 분화되어 생활 범위가 넓어졌고, 이에 따라 '관계주민', '교류주민'이라는 새로운 개념이 등장한 만큼 그 규모와 범위를 일률적으로 적용하기는 어렵다.

지역이 지역다워지는 구성 요인

지역의 범위를 같은 문화를 공유하는 사람들이 생활하는 곳이라고 할 때 오늘날 지역의 범위가 될 수 있는 구성을 다양하게 생각해볼 수 있다. 아이들이 다니는 동네 학교, 자전거로 심부름 다닐 수 있는 곳, 반려견과 산책 다니는 거리, 동네 친구로 인정하는 범위, 같은 공원을 이용하는 동네 사람들, 생협 매장이나 재래시장을 이용하는 고객들이 사는 주택단지, 도보 배달이 가능한 골목상권 등 특별하지 않은 일상적인 일들이 모두 지역을 구성하는 범위의 기준이 될 수 있다. 이 안에서 사람들은 공감하고 공유하는 생활을 하면서 어울려 살고 있다. 이러한 것들뿐 아니라 자연과 사회, 경제 등의 여러 환경도 지역문화를 만드는 역할을 한다. 지역이 지역다워지는 다양한 구성 요인들이다.

옛날 전통시장은 마을 한가운데 있는 지역문화의 집합체로, 단순히 물건을 사고파는 곳이 아니라 놀이마당이자 지역정보를 나누고 서로의 안부를 묻는 곳으로서 여러 역할을 해왔다.

마을에 있는 전통시장을 쉽게 오갈 수 있는 만큼을 생활의 범위로 생각할 수도 있다. 또 같은 성당(성당은 권역별로 나뉘어 있다.)에 다니고 아이들이 같은 학교에 다니며, 때때로 가게나 공원, 도서관에서 자주 마주치는 사람들이 있다면 문화를 공유하는 지역 범위로 볼 수 있다.

지역은 최소 생활 단위 지역을 시작으로 몇 개의 최소단위 지역이 모여 중간규모 지역이 되고, 다시 중간규모 지역이 모여 더 큰 광역지역을 구성하는 상향식으로 구성되어야 한다. 최소단위의 지역정체성이 모여 중간단위의 지역을 만들고 중간단위의 지역정체성이 광역지역을 만들어내는 것이다. 최소지역의 개별성으로 시작해서 광역지역성이 작동하는 방식이다. 마치 상향식으로 반복해서 창조되는 프랙탈 구조와도 같다. 행정 구조에서 읍면동으로 시작해 시, 도로 범위가 광역화되는 것을 생각하면 쉽게 이해할 수 있다.

하지만 단순히 합치는 것이 아니라 규모가 커질 때마다 각 지역의 정체성이 모여 다시 새로운 정체성이 생성되어야 한다. 효율적인 관리와 통제를 위해 중앙으로부터 전일적 시각에서 획일화되고 표준화된 지역과는 전혀 다르다. 어느 지역도 소외되지 않고 지역마다 가진 독특한 문화가 역동적으로 연결되면서 자연스럽게 지역의 범위가 확장되는 과정이다. 또 확장과정에서 생성된 특징들은 다시 광역에서 개별 지역으로 수렴된다.

하나와 전체가 유기적으로 순환되는 과정이다. 지역과 지역, 작은 지역과 광역지역이 서로 영향을 주고받으며 지역을 만들어가는 방법이다.

지역문화는 자기만의 정체성을 갖고 있지만 폐쇄적이거나 제한적이지 않다. 변화하는 자연과 사회 환경의 영향에 따라 변할 수밖에 없었고 변해왔다. 귀촌, 귀농인이나 지역사업 담당자들이 지역에서 부딪히는 가장 어려운 일 가운데 하나로 꼽는 것이 기존 선주민들이 지역은 지켜야 할 곳으로 인식하고 외부인과 변화를 쉽게 받아들이지 못하는 점이다. 이처럼 변화되지 않고 과거에 묶여 지역이 고착화될 때 오히려 지속가능한 지역을 만드는 일이 힘들어질 수 있다.

지역과 관련해 변하지 않는 원칙은 오직 이웃과 이웃이, 이웃과 생명이 서로 돌보며 순환하는 삶을 가꾸어간다는 것뿐이다. 이 점 말고는 지역을 둘러싼 자연환경과 인구·산업·기술의 발달 등과 같은 사회환경의 변화를 받아들이며 새로워져야 한다. 지금 지역이 겪고 있는 어려움은 원칙 없이 지역을 개발하는 문제와 예전 그대로의 지역만을 고집하는 문제 둘 다에서 비롯된 것이다.

공동체성을 기반으로 한 새로운 지역 틀 짜기

　지역사업을 하다 보면 흔히 지역으로 생각하는 행정구역인 시, 군, 구와 동, 면 단위는 지역사업 범위로 삼기에 적당하지 않다는 것을 느끼게 된다. 그래서 마을공동체센터나 자치센터, 문화도시지원센터 등은 교육, 문화체육시설, 상권, 역, 주거형태 등을 중심으로 주민들의 생활에 기반한 권역으로 지역을 새롭게 구분하고 있다. 예를 들어 서울시 종로구는 87개 동이 있지만 부암평창 권역, 무악교남 권역, 청운효자사직 권역, 삼청가회종로 권역, 이화혜화종로 권역, 창신숭인 권역 총 6개의 권역으로 나눈다. 충남 논산시는 15개의 읍, 면, 동이 있지만 논산 권역, 강경 권역, 연무 권역 총 3개 권역으로 구분하고 있다. 종로구의 경우 부암평창 권역은 주택지로, 청운효자사직 권역은 전통문화로, 창신숭인 권역은 봉제산업의 역사로, 삼청가회종로 권역과 이화혜화종로 권역은 상권으로 구분되며, 무악교남 권역은 신규 아파트 단지가 들어서면서 새롭게 만들어진 권역이다.

　도시재생이나 지역자치, 마을기업, 로컬 관광 등 지역과 관련된 많은 사업들을 보면 성과가 축적되지 못하고 목적과 다른 결과를 낳는 경우가 많다. 왜냐하면 단순히 행정 편의를 위한 공간적 범위와 지역에 살고 있다는 정주성만으로는 서로에게 공감하는 공동체성을 구현할 수 없을 뿐 아니라 주민들이 느끼는 문제와 필요를 알아내기가 어렵기 때문이다.

지역사업이 성과를 이루려면 집, 직장, 학교, 문화 및 체육센터, 취미와 운동모임 등 사람들이 교류하면서 생활과 문화를 공유하는 생활문화지역을 기반으로 시작해야 한다. 여기에서 주민 개개인이 원하는 진정한 욕망이 연결되어 지역화되고, 지역에서 일어나는 많은 일들의 거짓 없는 평판이 생성된다. 주민들 사이에서 만들어진 욕망과 평판은 지역사업에 필요한 문제와 기회를 제공한다.

지역은 생활문화로 나누어지는 경계이다.

지역의 시간은 어떻게 흐르는가

시위를 떠난 화살과 같이 2021년, 2022년, 2023년 앞으로만 가는 시간은 직선의 선형적 시간이다. 청소년들에게 무엇이든 열심히 하라는 뜻으로 자주 하는 "시간은 되돌릴 수 없다." 는 말은 세대를 이어가며 선형적 시간을 유산으로 내려주는 꼴이다. 이렇게 앞을 향해 직선으로 연결된 시간 앞에서 뒤를 돌아보는 것은 있어서는 안 되는 일이며 불온한 퇴화이다. 하물며 옆을 보는 것조차 용납되지 않는다. 언제나 시간은 발전과 진화를 위해 앞으로만 가야 한다. 또 선형적인 시간 안에서 모

든 가치와 모든 운동은 미래를 향해 움직여야만 하는 미래주의
적 시간관에 사로잡혀있다.

선형적인 시간으로 흐르는 사회는 더 빨리 앞으로 갈 수 있
는 속도 숭배와 더 많은 것을 축적할 수 있는 양적 숭배를 특징
으로 하며 속도와 양이 절대적인 가치가 된다. 이 안에서 생성
과 성장은 있어도 성숙과 소멸은 없다. 전진과 진화는 있어도
순환과 퇴화는 없다. 기존의 오래된 가치들은 그것이 아무리
사람들을 편안하고 따뜻하게 하더라도 망설일 것 없이 깨뜨려
버려야 하며, 모든 낡고 익숙해진 존재와 관계는 발전에 저해
가 되니 없애버려도 좋다는 사고방식에 익숙하다. 근대올림픽
이 지향하는 '더 빨리, 더 높이, 더 힘차게' 라는 슬로건은 속도
와 양의 삶을 추앙하는 오늘날 삶의 방식에 최고의 찬사가 되
었다.

정말 선형적 시간만이 있을까? 앞만 보고 뛰는 것은, 마치 나
의 삶은 과거와 현재에 남겨둔 채 신기루를 향해 뛰어가는 무
망한 질주는 아닐까? 과거라고 부르는 시간으로부터 미래라는
시간을 향해 화살 방향으로 움직이는 것은, 현재의 삶에서 숫
자로 된 시간만 떼어내어 실험실 안에서 과거와 현재, 미래를
분리하여 해석하는 유치한 모습이 아닐까.

동양에는 직선적 시간만 있는 것이 아니다. 태어난 해를 병
오년(丙午年)생이라고 말하면 나의 시간은 나의 생에서 61년에

한 번 돌아 다시 내게 오는 순환적 시간이 된다. 육십갑자가 돌아 만나는 순환적 시간이다. 여기서는 과거와 현재, 미래가 따로 있지 않고 함께 있다. 양자물리학과 동양고전에서 말하는 대로 현재 이 순간에 과거와 미래가 함께 있다. 그래서 미래를 향해 현재를 허비하지도 않고 현재를 위해 과거를 지워버릴 수도 없다.

이렇게 되면 시간은 나아가기만 하는 것이 아니라, 우리가 퇴화라 부르는 것처럼 어떤 시간은 뒤로 가기도 한다. 시간은 화살이 아니라 물결처럼 사방팔방으로 상하로, 역으로 돌아가면서 회오리처럼 나아갔다 다시 온다. 과거와 현재, 미래가 동시에 있고 연결되어 움직이는 총체적 시간이다. 편리와 성장, 효율 중심의 직선적 시간관을 넘어서면 순환되는 시간관을 통해 여러 가지 사회문제를 해결할 수 있다.

지역이라는 공간에 켜켜이 쌓인 시간

지역의 시간도 마찬가지다. 지역의 시간은 과거의 시간이 켜켜이 쌓여 오늘의 시간 안에 함께 살아간다. 이 쌓인 시간들이 미래의 틈을 벌리면서 공존하고 있다. 이렇게 되면 유행처럼 지나가는 시간이 아니라 10년, 100년이 연결된 풍요로운 시간을 지역에서 즐길 수 있다. 그리고 지역이라는 범위 안에서 공존하는 시간의 모습들을 지역문화로 만들 수 있다.

하지만 우리는 너무도 쉽게 지역의 시간을 개발이라는 이름으로 지워버리고 있다. 지금도 지역에서는 오래된 건물의 시간들이 철거되고 수령 깊은 나무의 시간들이 잘려 나가고 있다. 그 자리를 곧게 뻗은 새 길과 높이 솟은 새 건물들이 차지하고 있다.

지역마다 벌어지는 개발을 앞세운 직선적 시간의 광풍에서 시간의 보물을 지키려고 나선 시민들이 있다. 바로 '애관극장을 사랑하는 시민들의 모임'으로, 인천 지역에서 한국 극장의 계보를 잇는 중요한 문화유적인 애관극장이 사라질 위기에 처하자 늑장 행정을 기다리지 못해 직접 나선 사람들의 모임이다.

인천 경동거리에 있는 애관극장은 1895년에 협률사라는 이름으로 조선인이 설립한 국내 최초의 실내극장 겸 공연장이다.

인천 시민들에게 애관극장은 어린 시절의 친구이며 연인과의 사랑, 부모님과의 추억 그리고 영화에 나온 수많은 이야기를 꿈꾸게 한 인생의 최대 사건이 벌어진 시간을 품고 있다.
출처 : PuzzletChung

영화상영과 함께 신파극이나 창극, 남사당패들이 공연을 했고 지금까지도 영화를 상영하고 있다. 1920년대 '애관'으로 이름을 바꿔 달았지만 127년을 이어오면서 어린이가 청년이 되고, 청년이 노년이 되는 시간 동안 인천 시민들과 함께한 반려(생명 활동을 함께한)건물이다.

인천 시민들에게 애관극장은 어린 시절의 친구이며 연인과의 사랑, 부모님과의 추억 그리고 영화에 나온 수많은 이야기를 꿈꾸게 한 인생의 최대 사건이 벌어진 시간이었다. 원주의 아카데미극장이나 마산의 시민극장도 이렇게 살아남은 지역의 시간들이다.

직선적 시간관을 탈피하는 서구의 문화도시

우습게도 그토록 애쓰며 따라가려는 서구의 시간은 바뀌고 있다. 1980년대 포스트포디즘 시대로 접어들면서 유럽의 산업도시들은 문화도시로 변모하기 시작한다. 산업도시의 추악한 모습을 예술과 문화로 지우고 변화를 꾀하기 시작했다. 시장이 성숙되면서 새로운 문화산업으로 이행하는 동시에 도시민들이 삶의 질을 중요시하는 욕구가 커졌기 때문이다. 이때부터 도시 생활에서 근대의 상징인 직선적 시간의 탈피를 시도한 것이 분명하다.

‘유럽의 문화도시’로 선정된 이탈리아 북부의 볼로냐는 2차 세계대전을 겪으면서 파괴된 역사적 건물을 복원하기 위해 1970년대 말부터 역사적 시가지 보존과 재생이라는, 볼로냐 방식의 도시재생 전략을 채택하고 시행했다.

  볼로냐를 새롭게 주목받게 한 창조적 도시재생 방식의 ‘볼로냐 2000 프로젝트’는 협동조합이나 비영리조직과 연계해 주민의 자발성과 창조성을 이끌어내, 도시 건축물과 도시경관은 옛 모습 그대로 보존하면서 내부를 최첨단 문화공간으로 바꾸는 일이었다. 이렇게 바뀐 도시경관에서 문화단체와 시민들의 기획안을 포함한 300개의 콘서트, 2,300개의 전람회, 260개의 컨벤션(회의), 125개의 실험 등 총 2,000시간에 달하는 이벤트가 개최되었다.

  포르투갈의 항구도시 포르투는 미래 도시의 상징적인 BI를 만들면서 도시가 가진 영롱한 푸른색으로 포르투의 과거와 현재를 상징하는 건축물과 꽃, 사물들을 아이콘으로 조합하여 시간이 공존하는 도시의 매력을 발산하였다. 볼로냐와 포르투뿐 아니라 유럽 많은 도시들의 문화도시재생은 순환하는 총체적 시간을 축으로 하고 있다.

순환적 시간의 흐름을 다시 찾아야 할 때

안타깝게도 직선적 시간으로 사라지는 것은 건물만이 아니다. 직선적 시간은 자신을 돌아볼 틈도, 사람 사이의 관계가 두터워질 틈도 허용하지 않고 마음까지도 새로운 것으로 갈아치운다. 편리와 성장, 효율이 생활의 절대적인 가치가 된 직선적 시간 속에서, 지역 생활조차 더 많은 부와 자유를 위한 경쟁과 한시도 만족할 수 없는 상대적인 박탈감에 휩싸여 있다. 그래서 모든 지역이 서울에 빠르게 도착해야 하고 서울과 닮은 아파트와 대형 건물들이 있어야 한다는 지역개발 주장이 호응을 얻고 있다. 사적 소유를 향한 개인의 자유는 법과 제도만으로 제한하기 어렵기 때문에 경쟁과 차별, 혐오가 계속되고 있다. 더 이상 계속될 수 없는 직선적 시간을 멈출 때가 되었다.

지역의 훼손된 순환적 시간을 복원하려는 실험으로 '15분 도시'가 있다. 안 이달고 파리시장은 기후재난과 주택, 불평등의 사회적 문제를 해결할 방안으로 평등·연대성·근거리 서비스에 기반한 '내일의 파리 도시정책'을 정책공약으로 내세워 2020년 파리시장에 재선되었다.

생태를 중요시하는 파리의 '15분 도시'는 도시를 '15분 생활권'으로 조직해 도보나 자전거를 이용해 생활에 필요한 생필품을 구입하고 학교, 문화시설, 의료시설을 이용할 수 있도록 한 것이다. 모든 길이 100% 자전거 통행이 가능하고 장애인의 이동이 자유롭다. 또 파리 어디에서든지 200m 이내에서 녹색공간을 이용할 수 있다. 학교 운동장을 녹색공간으로 재정비해 휴일에는 주민들의 휴식공간으로 개방하는 등 하나의 장소를 다양한 목적으로 활용하는 방안도 계획 중이다. 녹색도시로 변모하기 위한 이러한 계획은 '모두의 파리' 공약과 함께 시민들의 두터운 지지를 얻고 있다.

어떻게 보면 세대 갈등으로 불리는 청년과 노년의 반목도 따로 떨어져 있어 공감할 수 없는 청년과 노년의 직선적 시간이 이유가 될 수 있다. 노년은 과거 청년 시절 가졌던 눈으로 청년을 보고 청년은 미래 노인의 눈으로 노인을 보면서 순환적 시간 안에서 청년과 노년을 연결한다면 서로를 공감하고 배려하며 함께 살 수 있을 것이다.

지역에 스며든 모든 시간을 남길 수는 없다. 하지만 지역에서 많은 사람들이 공유하는 시간만큼은 남겨둘 만하다. 미래는 거기서부터 시작된다. 다시 과거가 되겠지만 말이다.

2
지역의 미래, 주민과 문화

지역은 소비 문명을 지속가능한 풍요로운 문명으로 바꿀 수 있는
관계성, 순환성, 다양성이라는
새로운 삶의 해답을 가지고 있다.

사람뿐 아니라 자연의 그 어떤 존재도 혼자서는 살 수 없고 서로 의지해서 살아야 한다. 혼자서 살고 있다고 생각된다면 살림에 필요한 쌀, 옷, 집, 약 등이 누군가의 수고 없이는 내게 올 수 없고 공기, 태양, 비와 같이 생명을 돌보는 에너지 없이는 한순간도 살 수 없다는 것을 생각해보자. 그러면 서로 돌보고 순환되는 생활 속에 내가 있다는 것을 금방 알아차릴 수 있을 것이다.

기후위기와 불평등을 해결할 유일한 답은 지역에 있다

현대의 소비 문명은 성장에 중독된 채 경쟁적으로 규모를 키우고 다른 사람과 자연의 몫을 수탈해왔다. 그 결과 탐욕적인

소비 문명으로 우리는 파국적 상황을 맞이할 위기에 처해 있다. 위기를 기회로 바꿀 희망이 있다면 폐쇄성과 개방성이 이중적으로 상호 작동되는 지역을 회복하는 것뿐이다. 여기서 폐쇄성이란 생활을 위해 지역 안에서 서로 돌보고 순환하는 생명의 순리를 지키는 것이며, 개방성이란 인종, 성, 소득, 학력 등을 구분하지 않고 비인간까지도 나누고 반기는 공유와 환대를 말한다. 또 폐쇄성과 개방성은 수도권으로 집중되는 중심성과 획일적인 보편성을 향해 끌려가는 근대문명을 바꿀 수도 있다. 다시 강조하지만 우리가 맞이하고 있는 기후재난과 불평등을 해결할 수 있는 유일한 답은 지역에 있다.

호혜의 경제학자 칼 폴라니는 지역을 "대규모 글로벌 기업의 독점을 막는 마지막 방파제"라고 했다. 지역은 생활에 필요한 먹거리부터 교육, 의료 서비스, 골목길 세탁소, 카페까지 생활의 모든 것을 대기업이 독점하는 신자유시장을 주민끼리 증여하고 교환하는 부분적으로 탈(脫)상품화된 호혜 시장으로 되찾아올 수 있다.

지역에는 공감의 문화가 녹아 있다

지역은 이웃과 가족, 연인을 향한 사랑과 돌봄의 감정까지도 상품으로 소비되고 개인의 욕망을 보편적 기준으로 거세하는 문화를 대신할 다양한 문화의 원형을 지니고 있다. 자기를 재창조하고 공동체를 재발명하는 문화 말이다. 또한 문화를 있게 하는 예술은 고정화된 규범을 거부하고 새로운 세상을 상상하는 창조력의 배경이 된다. 지역은 소비 문명이 아니라 물질까지도 감정과 연결되어 관계로 축적되는 문명을 만들 수 있다.

이미 지역에는 오랜 시간 동안 생활이 축적되어 만들어진 문화가 있으며, 말과 글 없이도 감각적으로 공감할 수 있는 관계가 있다. 이러한 공감으로 다른 사람과 다른 생명을 위해 필요 이상의 것을 갖지 않도록 절제하고, 이웃과 이웃, 인간과 비인간 사이에서 가진 것을 공유하고 감축하면서 증여, 절제, 호혜의 마음이 가져다주는 풍요로운 생활이 가능하다.

지역에는 N개의 답이 있다

하지만 상호작용의 관계를 단절시키고 사람의 감정까지도 이익의 수단으로 이용하는 등 자본의 성장만을 위해 효율과 성과를 우선한 탓에 지역은 훼손될 수밖에 없었다. 훼손된 지역을 회복하는 일이 지역이라는 이름만 강조한다고 되는 것은 아니다. 본래 지역이 지니고 있는 가치와 생활의 의미, 경험을 다시 새롭게 살려내지 않으면 안 된다. 그래야만 지역에서 누구나 스스로를 온전히 돌볼 수 있고 이웃과 자연과 더불어 살아갈 수 있다.

흔히 지역에서의 생활을 도시의 생활과 비교해 편리와 불편의 이분법으로 해석하고는 한다. 지역은 낡고 불편하다는 인식을 뒤집어보자. 우리 사회는 그동안 편리함을 이유로 지속될수 없는 소비 문명을 만들어놓았다. 지역은 소비 문명을 지속 가능한 풍요로운 문명으로 바꿀 수 있는 관계성, 순환성, 다양성이라는 새로운 삶의 해답을 가지고 있다.

지역은, 성장을 놓지 못한 채 끊임없이 경쟁을 부추기고 규모를 키우고 모든 것을 단일한 기준에 맞춘 고장 난 문명을 바꿀 개성적인 N개의 대안을 발명하는 열린 실험실이다.

지역의 미래, 인구가 힘일까?

1이 채 안 되는 0.81이라는 합계출산율에서 보이듯 인구감소세가 뚜렷해지고 있다. 인구가 줄어드는 한편으로 전국에서 수도권과 대도시를 향한 이동이 계속되어 인구의 지역 편차는 점점 더 벌어져 인구소멸 지역이 늘고 있다.

"인구가 많아야 경제적으로 부국이 되고 군사적으로 강대국이 될 수 있다." "저출산이 되면 지역과 국가가 위태롭다."는 말을 심심찮게 들어봤을 것이다. 인구가 경제와 군사력을 나타낸다는 이 말처럼 정부와 지방정부는 인구감소를 최고의 위기라 생각하고 있다. 그래서 정부는 초고령화저출산위원회 등의 기구를 설치해 출산율을 늘리려 하고 있으며, 지역은 인구를 자기 지역으로 유입할 수 있는 방안을 절체절명의 중요한 미래 전략으로 삼고 있다.

그렇다고 모두가 그렇게만 생각하는 것은 아니다. 부산시 영도구 영도문화센터는 지역 인구를 늘릴 계획을 세우는 대신 지역 내에 활력 있는 인구구조를 형성하고 축소사회에 대응할 수 있는 방안을 실험 중이다. 영도구는 교육환경 부족과 문화생활의 불편, 직장 및 경제활동의 어려움 등으로 전국 광역시 자치구 중 인구소멸 위험도가 가장 높은 자치구다. 소멸 위험 상황에서 영도구 영도문화도시센터는 고령화와 청년층의 이주로

인구 축소사회에 대응하는 부산 영도구의 실험. '다양한 문화활동으로 남아있는 주민들을 연결하며 삶의 질을 높이자'는 실험을 하고 있다.
출처:영도문화도시센터

지역 인구가 점차 줄어드는 것에 대한 대응으로 2021년 부산 시 인구종합대책에 따라 "지금 살고 있는 사람들의 남은 삶을 더 행복하게 사는 곳"이라는 슬로건을 내걸었다.

부산시는 인구 유출과 저출산으로 인한 인구감소를 막을 방법이 없다고 판단하고 인구 목표치 없이 활력 있는 인구구조 형성, 인구 변화에 대한 적응력 강화라는 두 갈래 목표를 정했다. 새로운 인구정책은 일자리, 청년, 가족을 키워드로 축소사회와 초고령, 균형과 포용을 전면에 내세웠다. 금기로 여겨졌던 축소사회를 인정한 부산시의 선제 대응에 발맞추어 부산영도문화센터는 '유연하고 적응력 높은 지역에서 풍요로움을 누리는 인구계획을 세워 다양한 문화활동으로 남아있는 주민들을 연결하며 삶의 질을 높이자'는 실험을 하는 중이다.

정부와 지역은 주택, 산업, 문화 등 환경수용력(자연 및 사회)이 늘어나면 인구가 늘어날 것이라 기대하고 있다. 하지만 지역은 환경수용력을 늘려도 인구가 늘어나지 않는 사태를 맞이하고 있다. 지역을 떠나거나 아이를 낳지 않는 이유가, 스트레스가 임계점을 넘었을 때 본능적으로 살고 있던 곳을 떠나는 보수적 행동이나 사회적 지원이 없는 상황에서 정서적, 육체적 안정을 느낄 수 없을 때 생존과 번식을 포기하는 것에 있기 때문이다. 또 여성이 금전적, 시간적 여유가 없는 육아 돌봄을 전담하기를 거부하고 자신의 행복을 추구하기 시작한 것도 하나의 요인이다.

바뀐 듯 바뀌지 않는 인구의 중요도

'인구증가 〉 식량증산 〉 인구증가'의 긍정적 피드백을 경험한 농경사회 이래 인구는 생산량과 등가 관계로 관리되어야 하는 대상이었다. 특히 이익 창출을 위한 값싼 노동력을 얻기 위해 노동인구가 많을수록 좋은 근대산업사회로 들어오면서 등장한 고전경제학자 토머스 맬서스의 인구론이 인구와 생산량의 이러한 등가 관계를 이론적으로 뒷받침했다. 이에 더해 고대부터 정복 전쟁에 나갈 수 있는 성인 남성의 수가 전투력으로 인정되었던 것을 생각하면 인구는 전투력부터 생산력까지를 나타내는 국가의 상징이었다.

토머스 맬서스와 그를 따랐던 사람들의 순진한 생각과는 다르게 산업혁명 이래 자본주의는 기술의 발달로 생산량이 기하급수적으로 증가해 생산력에서 해방되는 시대를 맞이했다. 이를 두고 미래경제학자 제러미 리프킨은 기술의 발달로 새로운 제품을 생산할 때 추가 비용이 들지 않는 한계비용 제로사회까지 도달했다고 이야기한다. 더 이상 생산을 위해 인구 수는 중요한 요소가 되지 않게 된 것이다. 코로나 19 팬데믹 이전부터 4차 산업혁명과 인공지능으로 인해 현재 직업의 절반 정도는 사라진다는 발표가 있었다. 생산현장은 빠르게 자동화되어 사람 없이 로봇이 제품을 생산하고 있고 대규모 기업농은 기계로 농사를 짓고 있다.

한편 인구론에 기반을 둔 신맬서스주의자들이 등장해, 《성장의 한계(The Limit to Growth)》라는 책 제목에서 알 수 있듯이, 인구증가로(증가된 인구의 소비로) 자연자원이 고갈되고 환경이 오염되어 사회가 붕괴될 수도 있다고 경고했다. 신맬서스주의자들의 주장은 기술로 자원 고갈과 환경 위험을 해결할 수 있다는 기술우선주의자들과 고전경제학자들의 엄청난 비판에 수그러들었다. 하지만 기후재난을 경험하고 있는 현실에서 이들의 비판과 다르게 성장의 한계가 '탈성장론'으로 다시 등장할 수밖에 없는 상황이다.

아직도 인구는 농경사회에서 근대산업사회로 이어져 내려오는 계속된 확증편향으로 성장과 더불어 국가를 위해 필요한 절대조건으로 인식되고 있다.

인구가 힘이라는 양적인 도그마에서 벗어나야

국가가 그렇듯 지역도 경제 고용인구나 생산력 등의 양적인 측면이 중앙정부의 지원 기준임과 동시에 지역의 능력으로 평가되어왔다. 그래서 지역의 성장과 쇠퇴도 인구와 재정 같은 물질적이고 양적인 지표를 우선으로 진단되고 있다.

일본은 우리보다 앞서 인구감소와 지방소멸 문제를 겪고 있다. 일본창생회의가 2014년 낸 보고서의 핵심은 '인구가 줄면서 지방이 사라질 위기에 처했다'는 것이었다. 대책은 지역을 살리기 위해 인구유입, 결혼·출산·육아를 지원하는 시스템을 구축하는 것이었다. 그럼에도 일본의 인구는 계속 줄어들고 있다. 인구유출로 지역 쇠락과 소멸을 예상하고 관내 주소지 이전 지원제도와 결혼출산장려금 등의 정책을 내놓고도 어려움을 면치 못하고 있는 우리나라의 지역인구 정책도 이것과 닮아 있다.

이제는 성장의 '한계'가 아닌 '성숙'으로 받아들이는 인식의 전환을 꾀하고, 인구가 줄어드는 것이 소멸이 아니라 성장의 한계에 다다라 안정된 상태를 찾아가는 과정이라 인식하면 어떨까. 생명에 대한 긍정으로 지역의 새로운 방향을 찾아가는 것은 어떨까. 양적인 인구에 대한 집착에서 벗어나 개인 삶의 질에 집중하고 지역과 조화를 이루는 관계 인구로 전환할 수 있는 기회로 보는 것 말이다. 생물학자인 이케다 기요히코는 《인구 감소 사회는 위험하다는 착각》(위즈덤하우스, 2019)의 〈인류는 어떻게 살아왔는가〉에서 오히려 인구가 줄어들면 환경수용력(환경이 안정적으로 부양할 수 있는 특정 종의 최대 개체수)이 좋아지고 인구가 일정하게 유지되면서 최적의 생존사회가 될 수 있다고 전망한다. 부산시의 2021 인구종합대책 6대 분야 ①일하기 좋은 도시, ②청년이 머무르는 도시, ③가족이 행복한 도시, ④활기찬 초고령사회, ⑤축소사회 선제 대응, ⑥균형·포용적 도시에서 그 가능성을 엿볼 수 있다.

생산인구의 양적인 도그마에서 벗어날 때 지역은 개인의 삶에 집중하고 서로를 마주하는 삶이 풍요로운 터전이 될 수 있다. 그렇게 살기 좋은 곳이 가장 살고 싶은 곳이 되기도 한다.

3
지역을 있게 하는
네 가지와 열 가지 약속

살아가는 지역에서 변하지 않는 것은 '변한다'는 운동성뿐이다.
역설적으로 이 운동성이 자칫 지역을 훼손하지 못하도록
지역은 다양성, 연결성, 유연성 등을 보합하기 위한 회복성이 있어야 한다.

우정과 환대가 가득한, 생각만으로도 행복한 지역은 어떤 곳일까? 이런 지역을 한 문장으로 표현하자면 '다양한 사람들이 모여 생명활동을 하면서 더불어서 살아가는 곳'이라고 할 수 있겠다. 이러한 지역의 의미에 공감한다면 핵심적인 단어와 어울리는 적정한 생활을 연상하면서 지역다워지는 약속을 생각해볼 수 있다. '다양한 사람', '생명활동', '더불어', '살아가는', 이 네 가지가 연상을 시작하는 핵심 단어가 된다. 지금부터 각 핵심 단어에서 연상되는 것을 떠올리면서 지역을 있게 하는 네 가지 이야기를 구성해보자.

다양한 사람들이

자기 나름의 개성을 지니며 지역 안에서 살아가는 사람들은 어떤 차별도 받지 않고 소외되지 않으면서 있는 그대로 인정받아야 한다. 다양한 직업과 다양한 신체와 다양한 취향을 가진 사람들이 서로 얽히고 기대어 사는 곳이 지역이다. 생활을 위해서는 나에게 필요한 많은 것을 다른 사람에게 의존할 수밖에 없다. 모두가 직업적으로 선망하는(급여와 권력에 따라) 의사나 변호사가 된다면 그 지역은 더 이상 생활이 가능하지 않다는 것을 잠깐만 생각해봐도 알 수 있다. 결국 사람들은 다양성과 의존성으로 생활을 한다는 단순한 사실을 확인할 수 있다.

농부들은 건강한 열매를 맺고 땅의 기운을 유지하기 위해서는 여러 가지 작물을 섞어짓기해야 한다는 것을 알고 있다. 먹거리를 생산하고, 병을 치료하고, 구두와 옷을 수선하고, 거리를 청소하고, 그림을 그리고, 노래를 부르는 등의 갖가지 일을 하는 다양한 사람들이 어우러져야 지역에서 결핍되지 않고 풍요로운 생활이 지속될 수 있다. 만약 내일 거리를 청소하는 분들이 사라진다고 상상하면 '몇 년 전 겪은 쓰레기 대란'처럼 온 시내가 쓰레기로 덮이고 정상적인 생활에 문제가 생길 수밖에 없다.

《미국 대도시의 죽음과 삶》(그린비, 2010)을 쓴 제인 제이콥스는 다양성을 지역의 역동성을 만드는 중요한 원칙으로 생각했다. 다양성이 없는 지역은 쇠락할 수밖에 없고 미래를 계획할 수 없다는 뜻이다. 소멸도시라고 이름 붙여진, 노인들만 사는 농촌지역만 그려봐도 그녀가 말한 역동성이 왜 지역에서 중요한지 이해할 수 있다.

유엔지속가능개발목표(SDGs)의 17개 주목표에는 없지만 영국은 지속가능한 개발을 위해서는 누구나 사회의 일원으로 받아들일 수 있는 환경을 만들고 사회적 배제를 극복해야 한다고 강조한다.(〈PPSI - 지속가능한 개발을 가져오다〉 중에서, 2005년) 또 지속가능한 커뮤니티 방향에 대해 휴 바르통(H. Barton)은 집권적인 시장과 관료적인 행정은 다양성을 해치는 부적당한 결론에 이를 수 있다며 다양성에 대한 행정과 전문가의 위험성을 지적하기도 했다.

다양성을 좀 더 근본적으로 확장해 생각해보면, '다양성'에는 사람 외에 지구를 구성하는 모든 지구생명과 비(非)생명까지 포함된다. 태양과 나무와 풀, 비, 바람, 벌, 새, 물고기 할 것 없이 모두 사람들에게 지속가능한 생활을 하게 해주고 지구 안에서 함께 살아가는 평등한 구성요소이기 때문이다. 결코 무엇 하나 차별하거나 배제하지 않고 존중할 수 있어야 서로 함께 생존할 수 있다.

생명활동을 하면서

'생명활동'을 줄인 말인 '생활'은 오히려 '생명활동'으로 부를 때 본래 가지고 있는 운동성이 살아난다. 생명활동은 개인 활동을 중심으로 사회환경 및 자연환경과 연결되고 파동처럼 확장된다. 개인의 생명활동이 가능하려면 자기돌봄을 할 수 있는 예술과 교육 등의 내면 활동과 식, 의, 주를 책임질 수 있는 외면 활동이 이중으로 작동하는 서로돌봄이 필요하다.

지역에는 생명활동 안에서 자신을 탐구하고 다른 이들과 함께 살아가는 데 필요한 인문학습과, 식·의·주·의료 등 생명활동에 필요한 생산과 이용 과정을 주민들이 관리하는 자기순환 경제가 있어야 한다. 지역에 필요한 경제활동은 대기업을 유치해서 대기업에 종속된 생산기지가 되는 경제활동이 아니다. 지역의 문화, 산업, 기술을 토대로 지역 내 시장을 우선으로 하는 생산과 이용 과정을 지역주민이 학습하고 경영하는 자치경제다. 이 경제활동은 생태 보존의 틀에서 경영되면서 생산되는 부가가치가 여러 단계에서 다층적으로 지역에 귀속되는 내발적 모델과 같다.

대기업의 단순한 생산기지로서의 산업은 생산과정과 결과가 지역 안에서 순환되지 못하고 외부로 유출되는 직선적인 외발적 산업 모델이다. 기후위기 시대에 좌초산업으로 불리는 조선업 등과 같은 중공업이 쇠락함에 따라 한때 소비지수가 가장 높았던 '거제도'나 스웨덴 '말뫼' 지역은 급격한 경제위기를 맞이했다. 이러한 사실만 보더라도 외발적 산업 모델은 지역에서 지속될 수 없으며, 곧 어느 지역에라도 위기가 닥칠 수 있다는 것은 예측 가능한 일이다.

반면에 서해안 보령의 섬마을 '장고도'는 주민 공동체 스스로 '기본소득', '주민연금'과 같은 경제 시스템을 만들어 공동작업과 공동분배로 가구당 약 2,000만 원의 소득을 배당하고 있다. '장고도'의 경우도 이전에는 다른 어촌계와 같이 섬 주변 해역의 해산물 채취권을 업자에게 임대했다고 한다. 그러다가 업자와 임대료 문제로 갈등이 생겼는데, 이때 스물다섯 살 청년 어촌계장이 주민들을 설득해 해산물 채취권 사업을 어촌계 직영으로 다시 가져왔다. 이후 '장고도'는 마을회의를 통해 철저하게 공동작업과 공동분배를 하고 있다. 한 사람이 70kg을 캐든 30kg을 캐든 모두 모아서 공평하게 분배한다. 청년들과 노인들 사이에 채취량의 차이가 있지만 청년들은 자신들도 언젠가 노인이 된다는 것을 알기 때문에 이렇게 하는 것에 불만이 없다. 뒤늦게 이 섬에 들어와 살게 된 나머지 가구들도 20년이 지나면 배당을 받을 수 있다. 이렇게 섬마을 '장고도'에서는 팔순의 노인들도 큰 노후걱정 없이 살아갈 수 있다.

더불어서

신영복 선생님 말처럼 '더불어' 하는 것은 함께하는 것 이상을 의미한다. 함께하면서 각자의 다른 조건과 상황을 인정하고 배려하는 생활이다. 여남노소를 비롯해 각자의 신체 조건과 전문기술, 업력, 가족 구성, 성향 및 개인사정 등의 다양한 차이를 배려하고, 개인의 생명활동을 공동체의 생명활동으로 포용하는 방식이 지역에서 '더불어' 사는 생활이다. 오히려 서로의 차이가 서로 기대고 돕는 호혜 관계를 생성하는 '차이의 평등'이다.

국가의 복지제도로 정착된 국민연금이나 국민건강보험, 장애인복지지원제도 등의 사회보장제도는 저마다의 차이와 불평등한 소득의 차이를 인정하고 함께 사는 사회를 만들기 위한 기초제도이다. 복지는 함께 사는 사회를 목적으로 한다. 하지만 삶의 안전망으로 작동하기에는 최소한의 물질생활만을 보장하며, 보편적 기준에 따르고 있어 개인마다 처한 상황이 반영되지 않는 한계와 문제가 있다. 지역은 특별한 제도 없이도 '더불어' 하는 삶을 가능하게 하는 기초 공동체다.

살아가는 곳

'살아가는 곳'은 앞에서 이야기한 '다양성'과 '생명활동', '더불어' 하는 삶이 잠시도 멈추지 않고 지속적으로 순환되고 진화하는 장소성이다. 지역을 지역답게 하는, 그래서 꼭 지켜내야 할 가치라고 여겨지는 지역정체성까지도 언제든 지역 구성원들의 요청에 따라 새롭게 생성될 수 있다.

지역의 위기 일면에는 지역의 정의를 고착화하고 변함없이 지켜내려고만 하는 폐쇄적인 문화가 자리하고 있다. 위계적인 가부장 문화, 그리고 개인에 앞서 공동체 이익이 우선시되는 전체 중심의 문화는 다양성과 평등성을 추구하는 사람들을 받아들이지 못해 지역을 고사시키고 있다. 살아가는 지역에서 변하지 않는 것은 '변한다'는 운동성뿐이다. 역설적으로 이 운동성이 자칫 지역을 훼손하지 못하도록 지역은 다양성, 연결성, 유연성 등을 보합하기 위한 회복성이 있어야 한다.

다양한 사람들과 생명들에 의해 오랜 시간을 지나오면서 창조된 지역정체성은 유행에 뒤처진 것이 아니라 다른 지역과 비교할 수 없는 그 지역만이 가진 독특한 문화다. 슈펭글러와 같은 사상가는 세계도시란 지역적인 문화창조 기능을 흡수하고 집약을 통해 가능한 것으로, '세계의 중심', '보편성의 집적'으로 세계도시가 만들어졌을 때 지방의 개성적인 문화는 그 생명력이 세계도시에 흡수되어 쇠퇴한다고 했다. 결국 우리가 지향하는 역동적인 지역성은 비교할 수 없는 자기중심성을 가진 분자화된 지역이다. 지역은 이렇게 생존한다.

지역에 있어야 할 열 가지 약속

'다양한 사람들이 생명활동을 하면서 더불어서 살아가는 곳'이라는 지역의 특징에서 연상되는 것들을 정리해보자면 다음과 같다. (1)다양성, (2)관용, (3)생태환경, (4)순환경제, (5)일, (6)지역문화, (7)교육, (8)관계, (9)공유자산, (10)발명. 이 열 가지가 지역을 지역답게 만들기 위해 실천해야 할 약속이 될 수 있다.

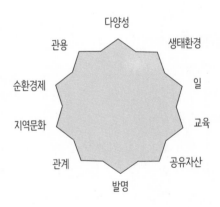

지역을 구성하는 10가지 원칙

(1) **다양성**: 지역은 다양한 사람과 생명이 어울려 사는 곳이다. 다양한 관계에서만 사람들은 상호의존하며 온존한 삶을 살 수 있다. 반면에 다양성을 부정하는 배타성은 지역을 고립시켜 지역소멸을 불러오게 된다.

(2) **관용**: 차이를 인정하고 받아들이는 마음과 무엇이든 지역에서 시작했을 때 결과와 상관없이 더 나은 실패의 과정으로 이해하고 용기를 주는 관용이 지역을 긍정적으로 변화시킨다.

(3) **생태환경**: 이제까지 지역은 인간만을 중심으로 계획되고 관리되었다. 자연이 주는 선물을 고마워하기보다 더 많은 소유와 소비를 위해 자연을 개발하고 착취하였다. 코로나19 팬데믹을 거치며 인간도 자연의 한 구성원으로 서로 기대어 지키며 살 수밖에 없다는 것을 깨닫고 있다.

(4) **순환경제**: 유한한 자원으로 풍요로운 생활을 지속할 수 있는 방법은 쓰고 버리는 경제가 아니라 생산과 소비(이용)가 계속해서 순환되는 폐쇄순환경제 시스템이다. 에너지, 식품, 돌봄 등 생명활동에 필요한 경제활동 전체를 지역에서 순환하는 경제로 계획해야 한다.

(5) **일**: 임금을 얻기 위한 계약노동이 아니라 개인의 취향과 관심을 사회경제활동으로 연결시켜 스스로 자기 일을 관리할 수 있게 한다. 지역은 개인의 일을 경제활동으로 편

입시키고 개인의 성장을 지원해준다.

(6) **지역문화**:지역에서의 문화는 누구나 지속가능한 예술가
가 될 수 있는 자질을 개발하고 향유할 수 있게 한다. 지
역의 역사와 환경을 배경으로 한 지역문화는 주민들의
삶과 하나가 되어 독창성을 가질 수밖에 없다.

(7) **교육**:지역의 모든 시스템이 작동될 수 있게 하는 근본적
인 힘은 교육에 있다. 끊임없이 자신을 탐구하고 상호의
존하면서 지속될 수 있는 사회를 체험하고 인식할 수 있
게 한다.

(8) **관계**:지역에서의 모든 활동은 관계를 목표로 한다. 관계
는 지역활동의 원천이 되는 신뢰, 호혜, 돌봄 등을 만들어
낸다.

(9) **공유자산**:소유가 아니라 공유가 되는 자산이 지역에서
늘어날 때 누구도 승자가 될 수 없는 경쟁의 굴레에서 벗
어나 지역에서 더불어 살아가는 삶이 가능하다.

(10) **발명**:어느 것도 고정될 수 없는 것처럼 지역도 자연과
사회 환경의 변화에 상호작용하면서 계속해서 발명되어
야 지속할 수 있다.

이 열 가지 약속이 중층적으로 연결되면서 작동할 때 지역은
'다양한 사람들이 생활하면서 더불어서 살아가는 곳'이 될 수

있다.

환경운동가 헬레나 노르베리-호지도 《로컬의 미래》(남해의 봄날, 2018)에서 '로컬의 미래를 향한 정책'을 이야기하며 지역에 있어야 할 것들로 ①로컬 경제를 위한 대안 무역, ②지역 기반의 금융 체계 확립, ③건전한 경제 지표 적용, ④편파적인 세금 체계의 개선, ⑤재생 에너지의 분산 작업, ⑥다품종 유기농 생산자의 확대, ⑦소규모 로컬 생산자를 위한 규제 완화, ⑧토지 사용 규제의 합리적 개선, ⑨시장과 공공장소에의 투자, ⑩로컬 미디어와 로컬 엔터테인먼트 지원, ⑪로컬에 기반한 교육으로의 전환, ⑫중앙집중형 의료 체계의 개선까지 사회 기능적인 12가지 정책을 제안한다.

열 가지 약속을 지키는 방법

열 가지 약속이 지켜지는 지역을 어떻게 가능하게 할 수 있을까? 답을 찾기 어려울 때는 오히려 지역을 해체하는 특징들이 답을 가져다줄 수 있다. 지역을 해체한 특징들이 성장과 표준, 중심, 경쟁, 종속이었다면 거꾸로 탈성장과 탈표준, 탈중심, 탈경쟁, 탈종속으로 지역을 회복할 수 있다.

근대산업사회가 만들어놓은 성장, 표준, 중심, 경쟁, 종속이라는 기준에서 벗어날 때 지역다움이 살아난다. 낡은 기준을 해체할 때 새로운 흐름이 나타난다는 것을 코로나19 팬데믹으로 분명하게 확인할 수 있다. 기후재난 적응, 생태적 소비, 취향과 개성, 홈 이코노미, 커뮤니티, 인간애, 안심, 공정성, 이도향촌 등이 이러한 징후들이다. 결국은 다시 등장한 생명활동의 근본적인 흐름을 어떻게 지역으로 연결하고 실현시킬 수 있을지가 지역을 발명하는 사람들의 고민이다. 단번에 어렵다면 기존의 관행을 가로질러 열 가지 약속으로 횡단하면 된다.

4
지역과 돌봄 생활

누구도 서로돌봄 없이는 식의주와 같이
나를 살아가게 하는 생활을 혼자서 해결할 수 없다는 것을,
또 공기, 물, 나무 등 자연의 돌봄 없이도 살아갈 수 없다는 것을 경험으로 알고 있다.

고령화와 청년 1인 가구, 고립과 불평등, 실업률과 인플레이션. 신문이나 뉴스에서 자주 통계지표와 함께 등장하는 단어들이다. 관련 정책 담당자들을 비롯해 연구자들에게 이 단어 하나하나는 사회가 안정적인 궤도에서 벗어나고 있다는 적신호이고 시급히 해결해야 할 문제들이다.

행정과 관련 기관들은 이러한 문제를 풀기 위해 여러 정책을 펼치고 있다. 건강보험료 재정을 걱정하면서도 고령화에 맞춰 노인수당과 노인돌봄 서비스를 제공하고, 혼자 사는 비혼 청년 1인 가구를 위해 신혼부부 주택공급 등의 결혼장려정책을 내놓고, 1%도 채 안 되는 출산율을 높이기 위해 안간힘을 쓰고 있다. 여기까지는 그나마 성장과 복지라는 말로 포장해 내놓은

눈에 보이는 정책들이다. 하지만 고립과 불평등은 신자유시장을 버티게 하는, 한계를 모르는 욕망이 낳은 부의 그림자로, 체제 내에서는 해결할 수 없는 상황에 갇혀있다. 게다가 실업률과 인플레이션은 기후재난 상황에 따른 실물경기의 위기, 인공지능과 사물인터넷 등 인간의 노동을 소외시키는 기술의 등장으로 해결의 실마리조차 찾기 어렵다. 이러한 문제들은 단순하지 않아서 개별 정책만으로는 쉽게 풀리지 않고 풀릴 수도 없다.

정책에서 벗어나 근본적인 생명활동의 측면에서 보면 고령화와 청년 1인 가구, 고립과 불평등, 실업률과 인플레이션 모두 생명활동을 위태롭게 하는 취약한 사회적 고리들이다. 정부와 함께 민간에서 이 문제들을 적극적으로 해결해야 할 이유가 여기에 있다.

눈에 보이는 사회 작동보다 보이지 않는 사회 작동이 더 실제 생활과 긴밀히 연결되어 있다. 우리는 이해할 수 없을 만큼 복잡하게 연결되어서 살아가는 중이다. 예를 들어 요사이 주요한 돌봄 의제가 된 영 케어러(Young Carer)의 사례만 봐도 그 일부를 알 수 있다. 영 케어러란 병이나 장애가 있는 가족을 돌보는 청년이나 아동을 일컫는 말로, 가정에서 돌봐야 할 노인이 있는 경우 영케어러를 넘어 노인돌봄이 사회적으로 어떤 상황을 만들어내는지 알 수 있다. 예를 들어 거동이 불편하고 인지 장애가 있는 노인이 있는 가정의 경우 정부의 지원정책이 도움은 될지언정 해결책이 될 수는 없다. 요양사가 방문하거나 데이케어센터에 있는 동안을 제외한 나머지 시간과 생활은 오롯이 가족의 몫이 된다. 이 부담은 요사이 기혼보다는 미혼 자녀의 몫으로 돌아가는데, 학교에 다니거나 사회생활을 시작한 청년이 돌봄을 담당하는 경우 학업, 취업이나 직장생활 등의 경제활동, 교우관계나 진로활동 등의 사회활동에 제한이 있을 수밖에 없다. 그리고 이러한 제한적 상황이 결혼과 취업이라는 다른 취약한 사회적 문제로 연결된다. 물론 결혼과 취업은 개인의 선택이지만 말이다.

처음으로 돌아가서 생각해보자. 돌봄 없이 살 수 있을까? 돌봄 없이 사회가 지속될 수 있을까? 자기 스스로를 돌보고 서로 돌보는 관계를 회복시키지 못하는 무늬뿐인 돌봄(Care Washing)이 제공하는 최소한의 복지 정책과, 시장에서 최대 이윤을 위해 판매되는 보험, 건강보조식품, 상조서비스 등 자가돌봄(셀프케어, self-care) 상품을 내려놓고 잠시만 생각해보자. 그러면 누구도 서로돌봄 없이는 식의주(食衣住)와 같이 나를 살아가게 하는 생활을 혼자서 해결할 수 없다는 것을, 또 공기, 물, 나무 등 자연의 돌봄 없이도 살아갈 수 없다는 것을 경험으로 알고 있다. 이렇게 인간을 포함해 생명이 있는 모두는 상호의존적으로 엮여있고 협동적으로 생존하는 중이다. 돌봄은 생명이 필요한 모두를 서로 보살피는 활동이다.

위기 상황에 다시 주목받는 돌봄

지금의 돌봄은 사회적으로 잘못된 규범에 얽매여 있으며, 시장 상품의 영향으로 왜곡되어 있다. 국가와 기업은 어린아이부터 성인까지 시민들에게 독립적이고 자율적인 존재로 혼자 살아가기를 강요한다. 도움받기를 청하는 태도는 의존적이고 수치스러운 일로 치부되고, 돌봄은 능력 없는 나약한 사람들에게나 필요한 시혜적인 복지활동으로 대상과 범위가 제한되었다. 또 한편으로는 아기돌봄, 노인돌봄, 건강돌봄 등 개인들이 값비싸게 구매해야 할 자가돌봄 상품이 등장하면서 가난한 사람들을 돌봄에서 배제시켜 나간다.

승자독식 구조인 신자유시장의 확장은 사회의 지속가능성을 위협할 정도로 불평등을 구조화하고 있다. 이러한 이유로 2차 세계대전 당시 영국은 국가 위기 해결책으로 경제학자 윌리엄 베버리지가 작성한 보고서에 따라 사회보장제도인 복지를 채택했다. 그때처럼 21세기인 지금, 사회적인 위기 상황에서 돌봄이 다시 주목받고 있다.

하지만 시혜적인 정책과 시장 상품으로는 불평등 해소도, 사회의 지속가능성을 담보할 돌봄의 회복도 기대할 수 없다. 서로 의존해서 살아가는 지속가능한 사회 시스템이 되도록 돌봄을 회복하기 위해서는, 먼저 시혜적인 복지 및 시장에서 교환되는 돌봄과 자발적이고 호혜적인 돌봄을 구분해야 한다. 또한 돌봄에 대한 몇 가지 오해를 바로잡는 동시에 회복의 방향을 분명히 해야 한다.

돌봄에 대한 몇 가지 오해와 회복 방향

돌봄에 대한 첫 번째 오해는 돌봄이 여성적인 일이며 나약한 사람들에게 제공되는 것이라는 관습적인 인식과 태도이다. 오래된 가부장제 관습에서 돌봄은 가정에서 아이를 돌보고 식사를 준비하는 등의 집안일이 되어 여성의 성역할로 강요되었다. 여성의 역할이 된 돌봄은 사회활동에서 중요하지 않은 부차적인 일인 동시에 공동체나 정부가 관여하지 말아야 할 사적이고 개인적인 영역으로 치부된다.

여성의 사회활동이 활발한 지금까지도 아이를 키우고 식사를 준비하는 등 이제껏 여성이 도맡아 온 생명살림은 가치를 제대로 인정받지 못하고 있다. 그러한 가운데 여성들은 중요한 살림을 외면할 수도 혼자서 감당할 수도 없는 이중으로 구속된 상황에서 벗어나지 못하고 있다. 여성의 일이자 사적인 활동으로 잘못 이해되고 있는 돌봄이 이제는 성역할에서 벗어날 수 있도록 해야 한다. 그것이 돌봄의 사회적인 가치를 회복하고 돌봄을 성평등한 상호역할로 자리 잡도록 하는, 제대로 된 돌봄의 시작이다.

두 번째 오해는 자신도 모르는 사이 정상과 비정상, 우성과 열성으로 가르는 이분법적 사고를 배경으로 한다. 능력 있고 건강한 사람은 돌봄이 필요 없으며, 돌봄은 취약계층이나 건강상 도움이 필요한 사람, 독립 능력이 없는 나약한 사람들에게 필요한 것이라는 관습적인 인식과 태도이다. 돌봄을 받는다는 것은 누군가에게 의존하는 무능력함을 드러내는 수치스러운 일이면서 사회적으로도 곱지 않은 시선과 손가락질을 받는 대상이 됨을 뜻한다. 이렇게 돌봄은 사회에서 외면당한다. 이 생각이 노인이나 아이와 같은 특정 세대, 그리고 소득과 부의 편차에 따른 계층을 구분하여 시혜적 돌봄을 받는 대상과 비(非)대상을 나누는 선별적 복지의 배경이 된다.

돌봄 받는 것을 나약하게 보고 독립적인 생활을 강조하는 것은 생명활동의 순환성, 다양성, 관계성, 영성을 알지 못하는 것에서 비롯된다. 전체화, 획일화, 개체화된 사고에 묶여 상호취약성과 상호연결성으로 살아가는 생명활동의 원리를 이해하지 못하는 것이다. 이럴 때 돌봄은 소득이 있고 없고에 따라 돌봄이 필요하거나 필요하지 않다고 여기는 최소한의 시혜적 활동에 국한된다. 서로 다름을 인정하고 끊임없이 서로가 연결되어 살아가고 있다는 사실을 인지하면 누군가와 연결되지 않은 독립은 허구임을 금세 알 수 있다. 코로나19 팬데믹이 전국으로 확산되고, 경제력에 의한 국가 간의 백신 불평등이 새로운 변종을 탄생시키며, 소득 불평등이 소비를 위축시키고 경제위기를 불러온다는 것을 보더라도 모두가 모두를 돌보지 않으면 안 된다는 상호연결성의 불가분 관계를 경험적으로 알 수 있다.

세 번째 오해는 돌봄이 파편화되어 신체적으로 직접 돌보는 활동만으로 제한되는 관습적인 인식과 태도이다. 신체를 건강하게 돌보기 위해서도 생활 전체를 둘러보아야 한다. 사회경제 활동, 기후재난 등에서 비롯된 엄청난 정신적인 스트레스를 온몸으로 받는 청년 세대에게 주거 지원, 생활비 지원 등 신체적 돌봄을 위한 것만으로 건강한 생활을 해나가기를 바랄 수는 없다. 상호의존적이고 협동적인 생활의 범위는 소소한 활동에서 먹거리와 교육까지, 눈에 보이는 것에서 보이지 않는 것까지 복잡하게 연결되어 있다. 잠깐 집을 비운 사이 반려견을 이웃에게 돌봐달라고 부탁하거나, 힘들 때 이야기를 들어줄 친구가 있다거나, 필요한 책을 동네 선배에게 빌리거나, 농촌에서 수확한 작물을 도시민이 이용하는 것처럼 생활 하나하나는 그물망과 같이 연결되어 작동된다.

파편화된 돌봄은 시장에서 쇼핑하듯이 살 수 있는, 기업들이 만든 돌봄 상품일 뿐이다. 돌봄은 생활 전체를 포괄한다.

네 번째 오해는, 돌봄은 자기돌봄에서 상대돌봄으로 이어지는 것인데 외부적인 상대돌봄으로만 제한하는 관습적 인식과 태도이다. 자기 스스로를 돌보지 않고서는 건강하게 상대를 돌볼 수 없다. 자기 스스로를 돌본다는 것은 자기의 자질과 능력을 계발하고 자신과 상대를 비교하지 않으면서 스스로의 가치를 인정하는 일이다. 때에 따라서 스스로를 위로하고 건강한 생활을 위해 적절한 휴식과 운동으로 몸을 살피는 일이기도 하다. 이런 내부적인 자기돌봄이 있어야 상대를 기쁘게 돌볼 수 있다. 자기돌봄 없이 사회적인 의미만으로 상대를 돌보다 보면 스스로가 소진되고 말며 어느 순간 돌봄생활에서 이탈하게 된다. 일방적인 희생은 결코 아름답지도 숭고하지도 않다.

외부로 연결되어 상대를 돌보는 일이 횡적이라면 자기돌봄은 종적인 돌봄이다. 이 둘의 관계는 격자무늬처럼 짜여 서로 영향을 주고받는다. 횡적인 상대돌봄 없이 종적인 자기돌봄이 깊어질 수 없다. 종적인 자기돌봄 없이 횡적인 상대돌봄이 계속될 수 없다. 지금 많은 사람들이 자신에게 감사하면서 자기를 돌보고 있다.

돌봄의 특징과 지역에서 돌봄이 작동하는 힘

이제부터라도 돌봄에 대한 오해를 바로잡고 돌봄의 새로운 기준을 만들어야 한다. 점점 심각해지는 기후위기와 불평등, 고령화, 1인 가구의 증가, 일자리 부족, 지역소멸 등의 사회문제를 정부와 시장만으로는 감당할 수 없다. 새로운 기준에 따른 돌봄은 순환성, 중복성, 양면성(교차성), 탄력성, 증여성이라는 다섯 가지 특징을 지니며, 이러한 돌봄이 이루어지지 않는다면 신자유시장이 불러온 복합적인 문제를 해결할 수 없다.

(1) **순환성**: 코로나19 팬데믹으로 자연을 파괴하는 인간의 활동이 결국 인간에게 되돌아오는 것을 확인했다. 노인을 돌보는 것은 내가 노인이 되었을 때 돌봄을 받는 것과 같다.

(2) **중복성**: 돌봄은 파편적이지 않다. 아이를 돌보는 일부터 일자리 제공까지 다양하게 중층적으로 중복되어 있고 전체를 포괄한다.

(3) **양면성**(교차성): 누구든 돌봄을 받기만 할 수도 누군가를 돌보기만 할 수도 없다. 내가 옆집 아이를 돌보는 것은 이웃이 우리 집 아이를 돌보는 것이고, 농부가 자연의 도움으로 농사지어 곡식을 기르는 일은 먹거리로 사람들을 돌보는 것이고, 사람들이 쌀을 사고 배추를 사는 일은 농

사 짓는 사람을 돌보는 것이다.

(4) **탄력성**:가까운 가족을 넘어, 또 눈에 보이는 돌봄을 넘어 돌봄은 보이지 않는 것들을 연결하며 사건처럼 횡단한다. 갑작스럽게 재난지역을 돌보는 일이나 야근하는 이웃을 위해 이웃집 반려견을 돌보는 일은 계획에 없던 돌봄이다.

(5) **증여성**:등가교환이 아니라 호혜적으로 선물 되는 돌봄으로, 누구도 돌봄에서 소외당하지 않을 수 있다.

돌봄의 다섯 가지 특징을 가로질러 돌봄이 작동되도록 하는 힘은 호혜적 관계다. 정부와 시장의 무늬뿐인 돌봄과 생활에 필요한 모든 것을 서로 의존하는 돌봄은 관계로 구분할 수 있다. 관계는 공감과 공명과 같은 정서적인 친밀감이 형성될 때 증폭된다. 그렇기 때문에 공감과 공명의 장(場)이 되는 지역은 돌봄의 강렬도를 높이는 중요한 인프라가 된다. 같은 학교에 다니는 자녀의 친구를 돌봐주듯이, 관계를 바탕으로 돌봄이 이루어지고 역으로 돌봄으로 관계가 만들어지는, 유기적으로 연결된 DNA 구조와 같은 상호돌봄 과정이 지역에서 일어난다. 보편적 돌봄은 지역 안에서의 돌봄을 중심으로 정부의 복지와 시장의 자가돌봄 상품으로 보완되고 풍부해질 수 있다.

지역 안에서의 관계돌봄과 포괄적 돌봄

지역은 관계돌봄(무늬뿐인 돌봄과 구분할 수 있는)이 이루어지는 장(場)이 제한적이기 때문에 오히려 공감과 공명을 높여 밀도 있는 관계를 형성할 수 있다. 문화인류학에서는 공동의 장소감(Sense of Place)과 장소애(Topophilia)를 배경으로 서로 연대하고 공경하는 생활 범위를 50가구 정도로 본다. 또한 샤프토는 인구 5,000명 이하 지름 1km 이하의 크기가 독자적인 정체성을 가질 수 있는 정도라고 했다.

그렇다고 돌봄이 한정된 지역으로 국한되는 것은 아니다. 나무뿌리의 프랙탈 구조처럼 돌봄은 지구적으로 확장되고 전체가 하나로 수렴된다. 지역에서 생성된 돌봄은 국경을 넘어 생활이 어려운 남반구 국가까지 지구 전체로 거듭 확장되고 수렴되면서 창조적으로 반복된다. 여기서 수렴은 일방적인 것이 아닌 교차적인 돌봄의 성격을 뜻한다. 한 예로, 아프리카 사막화를 방지하는 일은 멀리 떨어진 우리에게 좀 더 나은 지구환경을 제공하며 그들의 지혜는 우리 삶을 더 풍요롭게 해준다.

관계돌봄의 마음과 행위는 지역 안에서 공동의 자원과 시간을 나눌 때 형성된다. 지역의 자원으로 내발적 발전을 실천하는 협동조합은 주민들을 채용함으로써 주민들을 돌보고, 주민들은 협동조합 조합원으로서 협동조합과 지역을 돌보는 행위를 한다. 중고마켓을 열어서 서로에게 필요한 물건을 제공해 욕구를 충족시키며 새로운 제품을 구입하거나 소유하지 않고 지역에서 함께 살아가는 생활을 한다. 급한 일이 생겼을 때에 는 멀리 있는 친척이 아닌 이웃들이 아이를 돌봐줄 수 있다. 지 역 단위의 타임뱅크로 각자가 지닌 재능과 여분의 시간을 나누 며 서로를 돌볼 수도 있다. 이렇게 지역 안에서 이루어지는 다 양한 돌봄활동이 중고마켓, 타임뱅크, 공동육아, 자원봉사 등 의 이름으로 저마다의 필요에 따라 이루어지고 있다.

춘천시의 '선한이웃 프로젝트'는 관계돌봄을 잘 보여주는 사 례이다. 이 프로젝트는 행정복지 전달체계를 개편해도 계속해 서 복지 사각지대가 증가하고, 저출산과 고령화, 삶의 만족도 하락 등이 심각해지는 사회적 위험에 대응하기 위해서 지역 기 반의 관계돌봄을 이웃끼리 만들어갈 수 있게 한 행정의 시도였 다. 생활권역에 함께 사는 주민 주도 마을돌봄 활성화를 목표 로 단계별로 3가지 추진전략(마을돌봄 인프라 구축, 마을돌봄 공공서 비스 강화, 생활권역 마을돌봄 실행)이 세워져 있다. 단계별이라고는 하지만 이 계획은 마을돌봄 인프라와 민과 관의 역할과 협력이 조화된 집합적 계획으로, 이 사업을 연결하고 활동하는 주체는 주민들이다. 특히 '춘천형 마을복지 플랫폼'은 관내 25개 읍면 동과 8개 거점 사회복지관을 연결하고 보건, 복지, 자치, 사회 적경제, 문화 등 다양한 기관·단체 등과 협력하여, 같은 마을에 사는 선한 이웃들의 힘을 모으고 도와가며 살고 싶은 마을을 만드는 활동이다.

마포사회적경제네트워크도 신체 또는 취약계층 돌봄사업에서 지역을 생활돌봄이 가능한 돌봄공동체로 전환하는 포괄적 돌봄을 계획하고 있다. 3단계로 계획된 돌봄공동체 계획은 단체 역량과 지역 상황에 따라 먼저 신체 및 취약계층을 돌보는 마포돌봄사회적협동조합의 커뮤니티케어를 시작으로 지역 사회적경제 제품 및 서비스로 생활 전체를 포괄하는 가치교환과

지역의 돌봄은 생활 전체를 포괄하는 서로돌봄으로, 주민은 돌봄 당사자와 돌봄 제공자 이중의 역할을 한다. (사진 제공 : 사회적협동조합 울림두레돌봄센터)

커뮤니티케어
신체 및 취약계층 돌봄
(마포돌봄사회적협동조합)

생활돌봄
지역 사회적경제 제품 및 서비스로 가치교환과 증여가 결합된 생활돌봄

돌봄 플랫폼
자기돌봄 및 서로돌봄을 연결(의지)하는 플랫폼

마포사회적경제네트워크의 돌봄공동체 계획

증여가 결합된 생활돌봄, 자율적으로 자기돌봄과 서로돌봄이 연결되는 돌봄 플랫폼까지 구상하고 있다.

앞서 이야기했듯이 돌봄은 제한적(부분적) 돌봄과 포괄적 돌봄으로 나눌 수 있다. 근대사회는 돌봄을 취약계층과 신체적 돌봄이 필요한 대상으로 제한하여 중앙에서 관리하거나, 소득이 높은 사람들이 선택할 수 있는 값비싼 돌봄(자가돌봄) 상품으로 시장에 내놓고 있다. 돌봄 당사자와 돌봄 제공자의 관계가 일방적이고, 돌봄 대상과 범위가 제한적일 수밖에 없다. 지역의 돌봄은 제한적(부분적) 돌봄을 포함해서 생활 전체를 포괄하는 서로돌봄으로, 주민은 돌봄 이용자와 제공자 이중의 역할을 한다. 또 복지 및 자가돌봄과 함께 호혜적 돌봄으로 이루어진다. 역설적으로 돌봄의 범위는 포괄적인 돌봄을 위해 전국 단위가 아니라 지역 단위가 될 수밖에 없다. 지역은 이렇게 다양성에 기초해 개별적인 돌봄을 제공하면서도 누구도 소외되지 않고 모두가 연결되어 전일적인 삶이 가능한 포괄적 돌봄을 특

제한적	포괄적
광역	지역
정부	정부·자치
복지·시장	호혜·복지·시장
신체	전일적 생활(생명활동)

징으로 한다.

코로나19 팬데믹에 속수무책으로 대응하는 미국과 영국 등의 서방국가를 보면서 시장화되고 중앙 집중적으로 관리되는 복지 프로그램이 얼마나 형편없는지를 알 수 있었다. 더 큰 위기인 기후재난과 사회재난이라는 혼란스러운 상황 속에서 돌봄의 전환이 시급하다. 경제학자들은 사회적 돌봄을 개인들의 관계 안에서 생성되는 관계재라고 부른다. 결국 지역 안에서 순환성, 중복성, 양면성(교차성), 탄력성, 증여성으로 더 작고 더 넓은 돌봄의 실천을 촘촘한 그물망처럼 연결해 이웃이 있어 안심하고 살아갈 수 있는 지역을 발명해야 한다.

돌봄에 관한 우리 삶의 오래된 이야기

사랑과 살림에 대한 오래된 이야기 속에서 우리가 찾는 돌봄을 느껴보면 좋겠다.

- '사랑'은 스스로를 드러내지 않습니다. '열림'과 '나눔', '낮춤' 등을 통해서만 자신을 드러낼 수 있습니다.

- '열림'은 자기가 사랑하는 사람 또는 대상으로부터 자신을 방어하지 않는 일입니다. 그가 어떠한 행동과 말, 요구를 하더라도 그것에 대하여 자신을 방어하지 않고 있는 그대로를 받아들이는 일입니다.

- '나눔'은 자신이 가지고 있는 모든 것을 자신이 사랑하는 상대방과 공유하는 일입니다. 아니 상대방이 내 모든 것을 가져간다고 해도 전혀 개의치 않고 오히려 고마워하는 일입니다.

- '낮춤'은 상대방의 감정, 생각, 이익 등보다 자신의 감정, 생각, 이익 등을 앞세우지 않는 일입니다. 아니 더 나아가서 상대방의 그것을 이루도록 애쓰는 일입니다.

- '사랑'은 있는 그대로의 상대방을 받아들이는 일
- '사랑'은 있는 그대로의 상대를 완전하다고 인식하는 일
- '사랑'은 다함이 없이 다독거리는 일
- '사랑'은 상대방의 빈 곳을 채워주는 일
- '살림'은 상대가 성찰하도록 도와주는 일
- '살림'은 성찰을 재촉하지 않는 일

우리가 사는 보통의 마을이
'이상적인 사회'가 될 수 있을까?*

강화도 진강산마을교육공동체

Q. 강화도에서 진강산공동체를 시작한 배경에 대해, 어떤 분들이 어떻게 처음 시작하셨는지 소개해주시겠습니까?

진동(진강산마을교육공동체의 줄임말, 이하 진동)은 강화군 양도면 지역에 있는 초등, 중등, 고등학교의 학부모와 교사들이 함께 만든 마을교육공동체입니다. 임의단체로 등록한 것은 2016년이지만, 그 시작은 2010년으로 거슬러 올라갑니다. 당시 양도초등학교에 공모제 교장으로 부임하신 이○○ 선생님의 교육방침과 인품에 공감한 도시 지역의 부모들이 하나둘 양도초등학교 주변으로 이주하였고, 그 덕분에 폐교 위기에 있던 학교는 4년 만에 전교생 70명의 학교로 성장하게 되었습니다. 이후 교장 선생님이 전근을 가게 되었는데, 부모들은 "흩어지지 말고 마을의 교육

---

* 이 글은 2009년부터 강화도에 터를 잡고 '진강산마을공동체'를 꾸리고 있는 유상용 대표와의 인터뷰 내용을 정리한 것이다. 유상용 대표는 서울대학교 농과대학에서 공부한 뒤 함께 일하고 나누고 사는 공동체에 대한 관심으로 야마기시즘 생활실현지에서 오랫동안 생활하다 2009년부터 강화도에 터를 잡고 진강산마을공동체를 꾸리고 있다.

을 함께 만들어가자"며 뭉쳤고, 가까이 있는 산마을고등학교와 결합하면서 양도면 지역 내의 4개 학교(양도초, 조산초, 동광중, 산마을고) 학부모들의 연합인 '마을학교'를 거쳐 마을교육공동체로 출발하게 되었습니다.

Q 진강산공동체는 어떤 과정과 방식으로 사업을 운영해오고 있습니까?

단체로 등록한 2016년 이전에도 학부모들은 "아이들 교육도 교육이지만, 우선 부모들이 즐겁게 지내자." 하면서 폐가를 함께 수리하여 사랑방을 만들고 텃밭도 가꾸고 수요주점도 열었습니다. 단체로 등록하고서도 4년간 관심 있는 사람은 누구나 운영진이 될 수 있었고, 월 1회 정도 운영진 전원이 모여 사업방향도 논의하고 실무도 직접 하는 체제였습니다. 초대 대표를 맡은 산마을고 안○○ 교장이 교육적인 방향에 대한 제안을 많이 했고, 학부모들은 아이들 눈높이에서 필요한 프로그램이나 부모들의 관계를 깊게 만들기 위한 대화모임 등을 진행했습니다.

작년에 제가 새로운 대표가 되고부터는, 운영진 전원이 회의를 하는 지금까지의 방식으로는 지속하기가 어려워 일상적으로 사무와 운영을 맡

"우선 부모들이 즐겁게 지내자."면서 시작된 진강산공동체는 학부모와 교사가 함께 운영하는 마을교육공동체다.

아보는 5인의 사무국을 구성하였습니다.

전체적인 구성은 300명 정도의 회원이 있는 밴드 회원과 50명 정도의 정회원, 20명 정도의 운영진, 5명의 사무국으로 되어 있고, 월 1회 운영진 회의에서 논의된 사안을 사무국에서 실행하거나 사무국에서 기안을 해서 운영진에 제안하기도 하면서 논의합니다. 중요한 사안은 정회원들의 동의를 얻어 진행하거나 밴드 회원들의 동의를 얻어 진행할 때도 있습니다.

Q. 진강산공동체가 하고 있는 사업 중에서 모든 사업의 허브 역할을 하는 핵심이라고 할 만한 가장 중요한 사업은 무엇입니까? 그 사업과 다른 여러 가지 사업을 함께 설명해주시겠습니까?

진동의 사업은, 특별한 한 가지 사업보다는 마을을 구성하는 여러 요소를 빠뜨리지 않고 살펴서 배치하고 실행하는 쪽으로 하고 있습니다. 다만 시기별로 중점이 되는 것이 있는데, 작년부터는 교육부문과 마을부문으로 나누어 활동을 해보고 있습니다. 초기 4년간 교육부문의 여러 프로그램을 잘 해왔지만, 앞으로의 과제는 지속가능한 마을을 이루는 것이어서 마을부문을 따로 떼어낸 것입니다. 작년은 지속가능한 마을을 위한 마을경제를 시도했고, 올해는 의식 성장을 위한 마을인문학, 몸과 마음의 건강에 초점이 맞추어져 있습니다.

교육부문은 협동조합 마테(산마을고), 15살 인생여행(중등), 아빠축구 - 놀이(초등), 마을연찬회(학부모 대화), 음악회(큰나무 캠프힐) 등으로 공동체의 모든 세대가 참여할 수 있는 쪽으로 해왔고, 특히 지역의 자람도서

관의 역할로 공동육아, 돌봄의 기능도 일부 하고 있습니다.

마을부문은 2년 전부터 마을 공유경제에 대한 준비를 해오다, 작년에 빵집, 밥집, 공방, 진동 사무실 등이 입주한 진동상회란 공간을 마련하게 되었습니다. 마을에는 좋은 길벗(아빠모임), 씨마켓(플리마켓, 축제), 음악밴드, 동네마음연구소, 산마을고 졸업생들의 움직임 등이 있습니다.

지역 전체에서 진동의 역할로 생각하는 중요한 점은 '진동은 마을의 허브다'라는 것입니다. 진동이 규모를 키우는 쪽보다는 지역의 여러 개인과 단체들이 진동을 매개로 서로 연결되어 호혜적인 지역공동체로 성장하기를 바라는 거죠. 양도면 지역에는 여러 단위들이 있고, 점점 더 연결되고 가까워지는 중입니다. 양도초 , 조산초 , 화도초, 동광중, 산마을고, 양도포럼(양도면 초중고 교사포럼), 양도에서 지구살림(기후위기 대응), 바람언덕공동체(주거 공동체), 큰나무캠프힐(장애우 공동체), 도장리풍물패(농업, 농촌문화), 친환경작목반 등이 있지요.

진강산공동체에서 해마다 열고 있는 플리마켓 축제인 씨마켓 포스터와 축제 사진.

Q. 지금까지의 과정에서 가장 큰 어려움은 무엇이며, 그 어려움을 어떻게 해결하셨습니까? 또 지금 겪고 있는 어려움이 있다면 무엇입니까?

아직까지 큰 어려움은 없었지만, 작년에 진동상회 건물을 짓고 입주하는 과정이 가장 어려웠다고 할 수 있겠습니다. 그 전까지는 행사나 친목모임이 위주였지만, 경제적인 관계를 맺기 시작하면서 각자가 가진 경제관념, 소유의 문제, 토지와 경계 문제 등 기존 사회의 문제요소가 계속 튀어나오게 되었죠. 그럴 때 빠지기 쉬운 몇 가지 함정이 있더군요. "복잡하니까 그냥 따로 살아.", "일반적인 돈 관계가 오히려 깔끔해.", "기록 잘하고, 경계를 딱딱 잘 나누는 게 뒷말 안 나오고 좋아."

실제 그런 심경이 되기도 했고, 그렇게 되기 쉬운 것 같습니다. 그런 경계 지점이 몇 달간 몇 차례 있었지만, 우리가 그 경계를 넘어설 수 있었던 것은 각자 초심을 잃지 않은 것과 지난 5년간 서로 속내를 털어놓고 얘기 나누던 대화모임의 힘이 아니었나 싶습니다. 그 과정을 넘고 나니, 각자 익숙했던 자기방식을 조금씩 양보하는 법을 터득하게 된 것 같습니다. 지금은 특별히 어려움을 느끼지는 않고, 작년에 형성한 기반이 순조롭게 성장하도록 힘을 쏟는 중입니다.

Q. 진강산공동체는 공동체 내외부의 분들을 모시고 다양한 인문학 프로그램을 진행하고 있는 것으로 알고 있습니다. 공동체와 인문학(마음)은 어떤 관계가 있고 왜 필요하다고 생각하십니까?

한 사회에는 사람들이 살아가기 위한 필수요소가 있을 것입니다. 우선은 물질의 풍요, 즉 경제가 필요하고, 사이좋은 가족과 이웃의 관계가 소중합니다. 그것들이 충족되어도 자신의 본성에 대한 추구는 계속될 것입니다. 실은 경제와 관계도 마음상태에 따라 전혀 다른 모습으로 만들어질 것이기 때문에 마음공부 역시 공동체의 기본이라고 생각합니다. 고정관념이 많고 다른 사람의 말을 잘 들을 수 없는 마음상태는 경계가 많고 다툼이 많은 사회를 만들어내게 되고, 차별이 없고 모든 것의 이어짐을 아는 마음은 대립이 없고 순환이 원활한 공동체를 이루겠지요. 지금의 수직적 불평등 사회는 인류 역사의 어느 시기부터인가 자기중심적인 무리들이 주류가 되면서 생겨난 체제가 수천 년 지속되어오는 것이라고 봅니다.

앞으로는 자신의 본성에 대한 자각을 바탕으로 수평적이고 평등한 공동체 사회를 이루려는 사람들이 주류가 되는 사회가 오기를 바라며, 진동에서도 그 바탕을 튼튼히 하는 프로그램을 계속 해가려고 합니다.

Q. 진강산공동체가 진행했던 학습 프로그램 중에서 소개할 만한 프로그램은 무엇인가요? 그리고 어떻게 학습 프로그램을 결정하며, 학습을 중요하게 생각하는 이유는 무엇입니까?

현재 진행하고 있는 '마을인문학(총 14강)을 들 수 있습니다. 노자 도덕경 4회, 동학의 동경대전 4회, 빅히스토리 2회, 바른 글쓰기 2회, 세계의 공동체마을 2회로, 강사진은 모두 마을사람들로 이루어집니다. 스스로 가르치고 배우는 학습 자급이라고 할까요? 혹시 조금 부족한 부분이 있더라도, 우선은 스스로의 힘을 확인해가는 것이죠. 진리가 멀리 있는 것이

진강산공동체는 학습을 중요하게 생각한다. 책과 삶이 따로 있지 않고 일상에서 실천이 이루어지도록 하기 위해서다.

아니라면, 고전 등의 텍스트를 일상 속에서 해석하고 실천하는 길은 우리들 가까이에 있다고 생각합니다. 책과 삶이 따로 있지 않고 일상에서 실천이 이루어지도록 하기 위해 마을인문학을 하고 있습니다. 또 혼자서는 지속하기 힘든 점도 있어서 함께 공부하는 기회를 만드는 것이죠. 기획된 강의가 끝나면 원하는 사람들이 자발적으로 소모임을 구성해 공부가 계속되길 바라고 있습니다.

마음공부와 대화모임의 중요성은 지난 몇 년간 절감했는데, 지금까지 해오던 대화모임이 약간 정체기를 맞아서 다른 방법도 모색하다가 고전 등 책을 통해 만나는 것을 사람들이 원하고 이 또한 좋은 성장의 기회라고 생각해서 제가 제안하고 사무국에서 논의하여 기안하였습니다.

Q. 공동체는 관계가 중요한데 이에 반해 많은 공동체들이 구성원 간의 갈등으로 어려움을 겪거나 해체되는 일이 있습니다. 진강산공동체는 구

성원 간의 갈등을 어떤 방법으로 해소하고 있습니까? 공동체 시작부터 구성원들과 '연찬회'를 하시는데 연찬회도 함께 소개해주시겠습니까?

'연찬'이란 고정관념이나 단정을 갖지 않고 생각하고 대화하는 것을 말합니다. "내 생각이 틀림없어!" 하고 버티지 않고 다른 사람의 생각은 어떤가 하고 듣고 싶어지는 마음의 상태라고도 할 수 있습니다.

6년 전 진동 초기의 마을 연찬회는 '마이라이프 세미나'란 이름으로 진행되었습니다. 2주에 한 번 3시간 정도, 자신의 심경이나 생각을 있는 그대로 내어놓고 다른 사람의 생각도 잘 듣는 가운데, 누가 가르치지 않아도 서로의 이야기 속에서 길을 찾아가는 체험을 했습니다. 그런데 4년 정도 계속하니까 더 이상 깊은 부분은 내어놓기도 처리하기도 힘든 지점이 왔습니다. 한 단계 도약하지 않으면 더 나아가기 어려운 곳에 다다른 것 같았고, 우리 실력으로는 조금 쉬면서 방법적으로도 다른 길을 모색해봐야겠다 생각한 때에 코로나 상황이 발생하였습니다. 그 뒤로는 여러 모임에서 실무적인 연찬은 하지만 깊은 마음을 다루는 기회는 갖지 못하고 인문학 수업이 어느 정도 보완을 하는 중입니다.

자신의 주장을 내세우지 않고 상대의 의견을 듣는 기풍이 많이 생겨서인지, 큰 갈등이라고 할 만한 일은 별로 없습니다. 가끔씩 새로 가입하여 회원이 된 분들 가운데는, "회비도 내고 활동도 하고 있으니 내게는 이런 권리가 있다"며 조금 강하게 나오시는 경우도 있습니다. 하지만 시간이 지나면서 규칙이나 정관상의 권리보다도 진동에 형성되어 있는 분위기를 느껴서 주장을 고수하지 않게 되는 것 같습니다. 그것도 아마 연찬회의 기운이 쌓여서 생긴 힘이 아닌가 싶습니다.

Q. 여느 공동체와 다른, 진강산공동체만의 특이점이 있다면 무엇입니까?

진동은 의도적으로 결성한, 정신적·생활적으로 밀도 높은 공동체가 아
니고, 한국 사회 일반의 높은 교육열과 건전한 사회의식이 자연스럽게
모인 곳입니다. 이미 지역에 있었거나 새롭게 생긴 활동이 잘 결합하여
상승작용을 하는 보통의 마을공동체지요.

그런데 그렇게 보통 사람들이 가진 바람들이 경계를 넘어서 서로 연결되
어, 삶의 모든 요소를 갖춘 정말로 살 만한 마을공동체로 점점 진화해가
기를 바라는 것 같습니다. 평범한 것도 지속되고 쌓이면 특별한 것이 된
다고 할까요?

동학의 메시지처럼 "우리들 보통사람이 곧 하늘님"이듯이, '우리가 사는
보통의 마을이 이상적인 사회'로 되는 길을 찾고 실현하고 싶은 것입니다.

Q. 오래 전부터 공동체 앱을 준비하고 얼마 전에 사전 테스트를 한 걸로
알고 있습니다. 공동체와 디지털 기술 하면 먼저 '당근마켓'이 떠오르
기는 합니다만 지역공동체에서는 아직 디지털 기술이 익숙하지는 않
습니다. 어떤 목적으로 앱을 기획하셨고 테스트 결과는 어떻습니까?

지역공동체용 앱은 제가 야마기시즘* 실현지라는 곳에서 살다가 나와서,

---

* 자연과 인위의 조화를 도모하여, 풍부한 물자와 건강과 사랑의 정으로 가득 찬 안정되고 쾌적
한 사회를 목표로 하는 야마기시회가 추구하는 공동체 정신이다.

그 한계를 넘어설 수 있는 길을 모색하다가 3년 전부터 IT 기술의 도움을 받아야겠다는 생각에서 만들게 된 것입니다. 실질적으로는 2020년 7월부터 5명의 청년 개발자들과 함께 개발을 시작하여 1년 만에 마무리하게 되었습니다.

앱의 이름은 '하나의 마을(하마)'로 정하였고, 생태, 영성, 문명전환 등의 가치를 갖고 실천하는 단위 공동체가 좀 더 폭을 넓혀 지역 사람들과 함께 공동체를 형성하려고 할 때 유용한 앱입니다. 앱의 기능은 마을 이야기, 마을행사 일정표, 물건과 재능의 나눔과 거래, 소모임방, 나의 이야기, 채팅 등으로 이루어져 있고, 참여하는 공동체들 간의 교류기능도 있습니다. 아직 지역 사람들에게 널리 알려지지는 않았고 계속해서 프로그램을 개선하고 관리해야 하는데 담당자가 없다 보니 활성화되지는 못하고 있습니다.

앞으로 앱을 사용하는 것을 통해 지역공동체 내의 경제적 순환이 원활해지고, 서로를 알고 함께 성장해가는 기회를 늘려서, 외부나 중앙에 의존하지 않고도 살 만한 지역공동체가 많이 만들어지기를 바랍니다. 더 진화해간다면 지금의 이기적 욕망 중심의 자본주의 질서에 대한 대안으로, 새로운 사회를 구성하는 방식에 대한 힌트를 얻을 수도 있을 것 같습니다.

Q. 진강산공동체는 앞으로 어떤 꿈을 가지고 있습니까?

애벌레가 나비가 되어 자신이 정해놓은 한계를 넘어 날아오르듯이, 보통 사람들의 공동체마을이 천천히 착실히 자라다가, 문득 물질과 제도와 정신이 고루 갖추어진 아름다운 이상사회가 되어 있는 꿈을 꿉니다. 나비의 꿈이죠.

(2021. 8.)

5

지역을 위한 예술, 예술을 위한 지역

'지역활성화'로 이야기되는 성장 중심 지역개발의 한계는 명백하다.
지역과 예술의 융합은 물리적 결합이 아닌 화학적인 결합이어야 하며
서로가 서로에게 필요한 관계가 되어야 한다.

　지역은 문화를 기반으로 만들어진다. 그리고 지역을 구성하
는 문화는 계속해서 지역에서 살아가는 사람들의 생활양식이
변화하면서 달라질 수밖에 없다. 지역을 과거에서 멈추게 하지
않고 주민이 주체가 되어 오늘에 맞는 생활공간으로 회복적으
로 발명하는 것이 창조적 지역 만들기다.

　여기서의 회복은 개념적으로 지역을 과거로 되돌리는 것은
분명히 아니다. 회복은 지역이 가지고 있는 문화에 뿌리를 두
고 시시각각 달라지는 사회적 경향을 반영하여 더 나은 방향으
로 지역의 가치를 재구성하며 진화하는 과정이다. 진화의 과정
에서 다양한 변화의 흐름을 지역정체성으로 수렴하고 다시 지
역생활로 되돌려 확장하는 움직임이다. 지역개발과 다르다. 지

역개발처럼 지역정체성과 주민의 의견에 앞서 수익과 효율을 따르는 성장만능주의가 아니기 때문이다.

지역활성화 현장은 주민에 의해 주민을 위한 더 나은 지역으로 만들자는 창조적 지역 만들기 방향과는 다르게, 지역개발이 창조적 지역 만들기인 것처럼 오용되고 있다. 그러다 보니 역동성을 만드는 사회가치는 개발에서 창조로 바뀌었는데, 이와 달리 지역에는 불평등, 주민 갈등, 지역상권 침체, 지방학교 폐교, 지방소멸 등의 문제는 그대로인 채 안 쓰는 건물만이 지역개발의 결과로 남아있다. 지역활성화는 지금까지의 방식으로는 한계점에 다다랐다. 많은 비용과 인력을 들였지만 주민들의 삶은 더욱 팍팍해지고 지역은 고립되어가고 있다.

소프트웨어의 빈곤과 예술의 자리

예술은 상상력으로 사회혁신을 촉진하는 엄청난 능력을 가지고 있다. 예술가는 예술적 상상력으로 세계를 재구성해 다양한 세계를 창조하는 일을 할 수 있다. 그래서 지금처럼 경험에 의지한 합리적인 방법으로는 미래를 창조할 수도 복잡하게 얽힌 문제를 해결할 수 없음을 깨달은 불확실한 사회에서는 예술가의 사회적 창발력이 절실히 필요하다.

'창조도시론'과 '내발적 발전론'으로 국내에도 잘 알려진 일본의 사사키 마사유키 교수도 지역을 창조하는 가장 핵심적인 역할을 예술가와 청년에게 두고 있다. 익숙함에서 벗어나는 예술가적 발상이 지역의 변화를 꾀할 수 있고 청년이 가진 역동성이 지역에 새로운 바람을 불어넣을 수 있기 때문일 것이다.

미학을 전통문화 사상인 풍류와 굿으로 해설하는 김지하 시인은 문화에 있어서 창조적 내용과 새로운 비전 이 두 가지를 충족시킬 수 있는 것이 바로 사람의 마음이고, 이 사람의 마음을 가장 예리하게 느끼고 표현하는 것이 예술이라고 했다. 예술가는 지역문화 창조의 동력이 되는 사람의 마음을 드러내고 채워줄 수 있는 능력이 있다는 것이다. 그래서 사회 변화는 예술로 가능하고 예술가가 나설 수밖에 없다고 한다.

안타깝게도 지금의 예술은 생활을 창조하는 능동적 행위자로서의 사회적 실천과 지역에 익숙하지 않다. 예술은 단지 향유의 대상일 뿐 사회적 활동으로는 잘 인식되지 않으며 지역활동으로 불러오기는 더욱 낯설다. 예술이 사회 활동과 결합된 사례가 없는 것은 아니다. 근대산업의 등장으로 생활에서 분리되고 기계화로 양산되는 예술을 다시 사회로 불러오려던 윌리엄 모리스의 미술공예운동(Arts & Craft Movement)[*]

---

[*] 산업혁명 이후 조악한 대량생산품의 범람을 문제시했던 러스킨의 사상을 받아들여 19세기 후반 윌리엄 모리스가 주도한 건축과 공예를 중심으로 전개하였던 예술운동. 기계적 생산 대신에 수공예/미술의 부활을 주장하였다. 모리스는 수공업이 사람들에게 신성한 기쁨을 준다는 것을 강조하였다.

도 있었고, 민주주의를 위해 적극적으로 사회참여를 실천하는 리얼리즘 예술, 그리고 자본주의 꽃이라 불리는 광고를 역설적으로 풍자하는 브랜달리즘(Brandalism, Brand와 Vandalism의 합성어)도 있다. 하지만 아직 예술이 지역까지는 다가오지 못하고 있다.

예술가에게 지역은, 지역에게 예술가는

예술활동으로 생활을 해나가는 예술가들이 1%나 될까? 예술이 단지 향유의 대상으로 정의되고 사회에서 분리되었을 때 나타날 수밖에 없는 일이다. 사회적 활동에서 분리된 향유의 예술은 자본과 시장에 포섭되어버렸다. 시장에 내놓을 작품을 가진 몇 퍼센트의 예술가를 제외하면 매년 대학을 졸업하는 20만 명의 예술가들(물론 대학 졸업장은 예술창작의 필요조건도 충분조건도 되지 못하지만)은 치열한 시장경쟁 속에서 자신이 가진 상상력과 창발력을 충분히 발휘하지 못한 채 예술을 할 수도 안 할 수도 없는 상황에 놓여 선택을 강요받고 있다.

많은 예술가들이 바늘구멍을 통과하듯 고되고 어려운, 판매를 위한 예술에서 지역예술로 활동을 새롭게 배치하다 보면 현재 겪고 있는 경제생활과 예술활동의 어려움을 해결할 수 있는 기회를 만들 수 있다. 근본적으로는 잃어버린 예술의 사회적(지역) 활동을 되살리는 계기를 만들 수도 있다.

풀리지 않는 어려운 문제는 문제가 생겨난 틀 안에서는 풀기가 어렵다. 어렵더라도 도전적으로 문제의 틀을 뚫고 나와서 경험하지 못한 다양한 세상을 만날 때 실마리가 풀리기 시작한다. 지역은 자신이 경험하고 알고 있는 방법으로는 풀리지 않는 지역활성화를 위한 새로운 방안이 필요하고, 예술가는 예술을 하면서 생활할 수 있는 새로운 예술활동의 배치가 필요하다. 예술가는 주민들의 마음속 욕망을 연결해 지역을 활성화할 수 있는 수많은 사건(작품)을 만들 수 있다. 또 지역에 대해 별다른 생각이 없는 주민들의 관심과 흥미를 끌 수 있는 콘텐츠를 만들 수 있다.

이렇게 지역은 예술가에게 시장에서 탈출해 자유롭게 생활하면서 예술활동을 할 수 있는 기회의 장을 제공할 수 있다. 다행히도 청년 예술가들은 이미 종로 창신동, 마포, 용산, 수원, 부산 영도, 전주, 춘천 등에서 지역을 자신들의 새로운 활동 무대로 삼아 활약하고 있다. 지역과 예술의 융합은 지역 회복이 절실한 전환의 시대에 서로에게 이득이 되는 최고의 선택이다.

사회와 분리된 예술에서 지역을 살리는 예술로

지역과 예술이 협력하며 서로에게 도움이 되기 위해서 지역은 예술가를 맞이할 준비를 해야 한다. 지역활동가들과 주민들은 예술가들의 감수성과 성향, 생활방식에 공감하면서 시간과 활동이 자유롭고 이성적 사고에서 벗어나 있는 예술가들의 작업방식까지도 지원해야 한다. 지금까지처럼 일반적인 생활규범에 예술가들을 끼워 맞추거나 예술을 목적을 위한 도구로만 사용할 것이 아니라, 예술가를 목적과 내용을 발명하는 일에 앞장세워야 한다. 예술가들이 자신의 상상력을 자기검열하지 않도록 이들의 자유로운 예술활동을 보장해주어야 한다.

한편 지역에서는 예술가들도 창작의 목적을 지역활성화에 맞출 수 있어야 한다. 예술활동으로 주민들과 만나고 작품을 창작하는 관점을 주민들의 눈높이와 맞춰야 한다. 그러지 않으면 예술이 지역에서 고립될 수 있다.

문화예술기획사 아트브릿지는 2012년부터 지역과 예술을 주제로 서울 창신동에서 지역과 예술의 융합을 적극적으로 실험하고 있다. '문화밥상', '창신동 꼭대기장터' 등 지역에서 주민들과 함께하는 공공예술을 선보이고 있다. 필자와 함께 아트브릿지가 2021년부터 실험하는 '뭐든지 예술활력 워크숍'은 '예술로 지역활력, 지역으로 예술활력'이라는 슬로건처럼 예술로 지역을 활성화하고 지역으로 예술가들의 새로운 활동 기회를 찾는 프로젝트다. '뭐든지 예술활력 워크숍'은 예술가들을 지역으로 초청해서 예술적 상상력과 창발성을 기반으로 다양한 지역활성화 작품을 융합 창작하는 작업을 목표로 한다. 예술가들은 일정 기간 지역의 환경과 생활을 관찰하고 주민들을 인터뷰하면서 작업을 해나간다. 그리고 각자가 지닌 다양한 영감과 장르적 특성을 융합하여 예술가답게 지역을 창조하는 프로토타입(Prototype)을 제작하게 된다.

2021년 '뭐든지 예술활력 워크숍'에는 10명의 청년 예술가가 참여하여 창신동 지역을 주제로 공연, 회화, 국악, 사운드, 패션, 예술기획 등이 융합된 총 3개의 작품을 발표하였다. 작품 중 〈창신의 하루, 당신의 수건〉은 하루에도 몇 번씩 쓰는 수건에 지역과 주민의 서사를 수집하여 새긴 전시작품이다. 〈나의 모하비에게〉는 창신동 봉제인들이 만든 옷을 입고 활보하는 화려한 도시인의 생활과 창신동의 모습을 모순적으로 해석해 동(動)과 정(靜), 개방과 폐쇄, 현실과 이상을 융합한 라이브 퍼포먼스를 비디오아트로 제작했다. 〈로컬 에티켓(Local Etiquette)〉은 지역을 찾은 외부 예술가들의 활동이 공격적으로 주민들의 생활을 침해하는 소음이 되지 않도록 하면서 지역 생활공간의 특이성에 행위, 음악, 문학예술을 융합하여 관객들이 이동하며 작품이 된 지역을 체험할 수 있도록 했다.

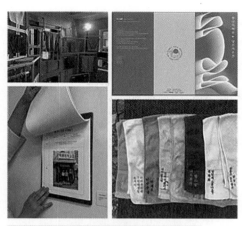

〈창신의 하루, 당신의 수건〉
(2021년) (위)
〈나의 모하비에게〉(2021년) (아래)
출처:〈뭐든지 예술활력〉 백서, 아트브릿지

낯선 사건으로 주민들과 즐기는 지역예술

'뭐든지 예술활력 워크숍'을 기획하면서 처음에 필자와 아트
브릿지 신현길 대표가 함께 정한 몇 가지 원칙이 있다.

하나, 지역을 활성화하는 데 예술이 가진 창조능력을 적극 발
휘할 수 있도록 예술가의 활동에 장애가 되는 것은 무엇이든

없애도록 노력한다.

둘, 워크숍은 참가하는 예술가들이 철저하게 자기 주도로 작업할 수 있도록 무엇이든지 계획하고 결정할 수 있는 책임과 권한을 준다. 주위 선배들은 (청년) 예술가들의 활동을 안내하는 조력자 역할로 제한한다.

셋, 결과도 과정이라 생각하고 결과보다는 처음부터 워크숍이 끝날 때까지 과정 하나하나에 집중한다. 그러면서 실패의 과정을 통해 더 나아지는 데서 오는 성취감을 오롯이 예술가들이 갖게 한다. 그리고 워크숍 활동이 예술가로서 앞으로의 (지역) 활동에 중요한 사건이 되게 한다.

넷, 예술가를 받아들이는 지역은 익숙함에서 벗어나 이상하리만큼 낯선 방안까지도 받아들일 수 있게 한다. 물론 주민들은 지역의 주체로서 창작자도 향유자도 될 수 있다.

이 프로젝트가 중요한 것은, 창조된 미래에서 지역의 과거를 찾는다는 것과 뚜렷한 사례를 만들어내지 못하고 위축된 지역재생에 새로운 활력을 불어넣을 수 있다는 점 때문이다. 지역도 예술도 자기 존재로만 규정되고 정의하기 바빴다. 예술과 지역을 연결하기가 어려웠고 연결한다고 해도 지역 예술은 화학적 결합보다는 단지 예술가를 사전에 기획된 사업에 참여시키는 물리적 결합에 가까웠다.

지금 지역에서 요청하고 있는 것은 예술과의 화학적 융합이다. '지역이 가진 문제를 늘 해오던 방식이 아니라 새롭게 해결할 수 있는 길은 없을까?', '지역이 가진 오랜 정체성을 새롭게 정의할 수는 없을까?', '주민들이 지역활동에 참여할 수 있도록 지역에 대한 관심을 높이고 활동의 기회를 만들 수는 없을까?' 이런 질문에 대한 해법을 예술가에게 요청하는 중이다.

2012년 영국은 문화 콘텐츠 분야를 국가의 주요 동력으로 끌어올리기 위해 '크리에이티브 잉글랜드(Creative England)' 프로젝트를 진행한 적이 있다. 예술과 기술, 비즈니스를 융합한 '크리에이티브 잉글랜드' 프로젝트를 위해 초등학교뿐 아니라 각 부문의 크리에이티브 수업과 프로젝트를 담당한 사람들이 예술가들이다. 지역을 활성화하기 위해서는 예술가들에게 자격과 권한을 주어야 한다.

지역에서 무언가 낯선 일들이 만나 영감과 사건이 일어나도록 해야 한다. 전에 없던 새로운 아이디어는 안정된 환경(Cosmos)이 아니라 혼란스러운 환경(Chaos)에서, 혼돈적 질서라는 역설적인 카오스모스(Chaosmos) 상황에서 탄생된다. 지역이 예술가들을 초청해 지역을 발명하는 발칙한 사건을 즐길 수 있어야 한다.

6
지역과 행복

사람들은 더 많은 소득이 아니라 자기 생각이 지지받는 것에서 기쁨을 느끼고,
그 생각이 실현되는 과정에서 행복감을 느낀다. '더 많은 소득'이 아니라
'더 믿을 수 있는 관계'가 행복을 가져온다.

"행복한가?" "어떻게 해야 행복할까?"

행복에 대해 말하기란 쉽지 않다. 행복에 관한 질문에 답하기 어렵다면 질문을 바꿔 가장 행복했던(설레거나 즐거웠던) 순간을 떠올리거나, 행복을 느낄 수 있었던 그 순간을 찾는 방법이 쉬울 수도 있다. 마치 나를 지지하는 사람들을 만났을 때나 반려동물과 보내는 시간처럼.

하지만 우리는 행복하기 위해서 더 많은 소득이 있어야 한다고 생각한다. 소득이 많아질수록 더 행복할 수 있다는 근거 없는 믿음을 가지고 있다. 정말 소득이 늘어난 만큼 더 행복해질 수 있을까?

소득과 행복의 함수

비틀스는 〈캔트 바이 미 러브(Can't buy me love)〉란 히트곡으로 사랑은 돈으로 살 수 없다고 노래한다. 비틀스가 노래할 때 많은 연구자들은 소득과 행복의 함수에 대해 연구했다. 심리학자 오이시 시게히로는 《행복을 과학하다》에서 애매한 행복에 대한 심리상태를 분석해서 돈과 행복감은 정비례하지 않는다는 결론에 도달했다. 돈이 많다고 행복지수가 높은 건 아니라는 거다. 연봉과 인생의 만족도를 연구한 이 조사에서 둘의 상관관계는 연봉이 높은 사람이 적은 사람보다 약간 더 행복한 정도라는 결과가 나왔다. 그러면서 오이시 시게히로는 물욕이 너무 강하면 인간은 행복해지기 힘들다고 했다.

행복에 대한 연구를 집대성한 《행복의 함정》(북하이브, 2011)이란 유명한 책이 있다. 일생을 행복 연구에 바치며 이 책을 쓴 영국의 경제학자 리처드 레이어드는 국민 1인당 수입이 2만 6천 달러에 이르면 한 나라의 행복에 이르는 평균값이 더 이상 오르지 않는다는 것을 발견했다. 즉, 소득과 행복의 상관관계는 매우 낮으며, 어떤 나라에서도 소득은 행복의 주요 요소가 아니라고 했다. 특히 부유한 나라에서는 한계효용(소득이 늘어날 때 추가로 발생하는 만족감)이 낮기 때문에 사람들은 행복을 소득으로 대신하지 않는다.

《행복의 함정》의 저자는 행복에 가장 큰 영향을 미치는 것은 정신건강과 가족과 일터, 공동체에서 맺는 인간관계라고 강조한다. 2018년 한국을 방문한 레이어드 교수는 한국의 경우 지방에서 도시로 이주를 많이 해 공동체를 형성하기 어려운 구조라고 말했다. 지금 한국은 경제협력개발기구(OECD)에 가입한 38개 국가 중 17년간 자살률 1위라는 점에서 알 수 있듯 행복하기 어렵다는 것이다.

노벨상을 수상한 심리학자이자 경제학자인 대니얼 카너먼 교수도, 식(食)과 주(住)와 같은 기본 욕구가 충족되면 그 이상의 수입이 반드시 행복으로 이어지지 않는다고 했다.

행복감을 느끼는 데 필요한 요소는?

여전히 우리는 정확한 근거도 없이 행복하려면 높은 소득이 있어야 한다는 생각에 사로잡혀 있다. 자기실현과 더 많은 소득 중에서, 앞선 시대는 자기실현보다는 소득을 더 중요한 가치라고 강조했고 소득이 자기실현을 가능하게 한다고 강요했다. 정말 더 많은 소득이 자기실현으로 이어질 수 있을까? 경험을 돌이켜보면 사람들은 더 많은 소득이 아니라 자기 생각이 지지받는 것에서 기쁨을 느끼고, 그 생각이 실현되는 과정에서 행복감을 느낀다. '이스털린의 역설(Easterlin Paradox)'이라 불리는, 경제사학자 리처드 이스털린 교수가 오랜 시간 전 세계 30여 개국을 조사해 밝혀진 '소득이 일정 수준을 넘어 기본 욕구가 충족되면 소득이 증가해도 행복은 더 이상 증가하지 않는다.'는 이론도 이를 뒷받침한다.

앞서 살펴본 리처드 레이어드는 자신의 저서 《행복의 함정》에서 행복에 영향을 미치는 8가지 요인을 '개인의 자유', '개인의 가치관', '가족관계', '재정', '일', '공동체', '친구', '건강'이라고 정리했다. 8가지 요인을 관통하는 핵심 내용은 정신적, 육체적 자기실현과 가족부터 친구, 공동체까지 연결되는 관계의 실현이다.

지역에서 채우는 자기실현과 관계의 실현

자신을 있는 그대로 표현하고 인정받으면서 누군가와 건강한 관계가 만들어지는 것은 공감과 공명이 있는 지역에서 가능하다. 지역이 가지고 있는 '사회적 자본', '관계자본', '문화자본', '신뢰자본'과 같이 돈으로는 살 수 없는 것들이 지금 내가 사는 지역에서 나를 행복하게 해준다. 이들 자본은 나와 이웃의 마음이 연결되고 공유되는 과정에서 생성되고 축적된다.

지역에서 이 네 가지 자본이 형성되는 과정은 개별적이고 집합적이다. 신뢰 관계는 개인적인 욕망이 실현되는 과정에서 누군가와 연결되어 만들어진다. 연결된 관계는 시간이 지날수록 깊어지면서 확장되며, 이렇게 확장된 관계는 신뢰가 깃든 문화를 만들어 지역의 사회적 자본으로 축적된다. 사회적 자본은 다시 개인이 자유롭게 개성을 발휘할 수 있게 하고 신뢰할 수 있는 관계를 만들어낸다. 행복을 안겨주는 네 가지 자본은 개인을 중심으로 사회와 연결되어 역동적으로 순환한다. 이러한 자본이 풍부한 지역에서는 개성에 따라 일과 여가를 즐길 수 있고 생명이 가진 협동성을 바탕으로 자발적으로 지역활동에 참여할 수 있다.

그래서 지역에서 하는 활동은 더 많은 소득이 아니라 더 믿을 수 있는 관계를 목적으로 해야 한다. 돈과 성장에서 벗어나도 나를 지지하는 사람과 함께 삶을 즐길 수 있다면 그것이 풍요로운 행복이다.

한 가지 덧붙이자면 행복은 결과로 오지 않는다. 행복은 열심히 일하거나 열심히 봉사한 결과로 나중에 보답받을 수 있는 게 아니다. 지금 여기 몇 초의 행복이 계속되어야 한다.

다시 돌아가, "행복한가?" "어떻게 해야 행복할까?"라는 질문에 대한 답을 지역에서 찾기를 바란다.

'진정으로 자유롭고 행복한 세상'을
탐구한다*

인문운동가 이남곡 선생

Q. 지역에서의 인문운동 경험을 들려주시겠습니까?

그동안 여러 단체나 운동조직에서 요청이 있을 때, 소통과 대화 그리고 공동의 탐구와 실천을 위한 인문적 바탕에 대한 이야기를 해왔습니다. 2019년 춘천에서 '좋은 삶, 좋은 사회'를 시민의 손으로 만들어가자는 취지에서 진행한 '좋은 삶, 좋은 사회를 위한 춘천인문 포럼'에 참가했고, 젊은 벗들과 새로운 운동으로 '익산희망연대'에 참여하고 있습니다.

이번에 익산으로 이사를 하면서 창립 때부터 참여해온 희망연대 활동의 일환으로 내 나이나 건강에 걸맞은 활동을 논의 중입니다. 지금 생각으로는 일주일에 한 번 정도 '인문산책'을 아주 편안하게 해보았으면 합니

---

* 이 글은 '진정으로 자유롭고 행복한 세상'을 탐구하면서 실천하는 인문운동가 이남곡 선생과의 인터뷰 내용을 정리한 것이다. 이남곡 선생은 개인주의를 통과하여 그것을 넘어서는 '개인이 존중되는 공동체성Ⅱ(공동체성 I은 공동체를 위해 개인이 희생했다)'와, 근대 물질문명과 개인주의를 내장시킴과 동시에 넘어서는 물질이 결핍되지 않은 '단순소박한 삶Ⅱ(단순소박한 삶 I은 낮은 생산력으로 빈곤한 생활을 했던 시기다)'가 마을이나 지역 운동의 큰 테마라고 이야기한다.

다. 한 시간 정도 '논어 산책'을 희망연대의 여러 활동 가운데 자연스럽게 내장(內藏)시킬 수 있으면 좋을 것 같습니다. 관심 있는 사람들이 고전(古典)을 매개로 여러 현실과 자신의 마음들을 검토하는 화기(和氣) 있는 자리가 된다면 저에게는 큰 기쁨이 될 것입니다.

Q. 인문은 사람들의 살아가는 길을 알려주고 열어준다고 하지요. 한때 지역(마을)활동에서 인문교육에 대한 많은 관심을 보이다 요사이는 관심도가 낮아지고 있어 안타깝습니다. 지역(마을)활동에서 인문교육의 필요성을 어떻게 안내해주실 수 있을까요?

인문운동이란, 물질 위주의 행복관과 각자도생의 이기주의를 벗어나 우애와 협동의 가치를 내재화하는 자각과 실천 운동이라고 생각합니다. 협동조합을 비롯한 마을운동이 인문교육에 관심을 보이다 관심이 낮아지는 것은 두 가지 면에서 생각해볼 수 있습니다.

하나는 인문교육들이 내재화에 성공적이지 못했다는 측면입니다. 표층의 의식을 건드릴 뿐, 구체적 실천으로 이어지는 항상성(恒常性)을 실현하지 못했다는 점을 돌아보아야 할 것입니다.

두 번째는 지역운동이 내부보다 외부의 요인에 더 영향을 많이 받음으로써 자생적이고 자립적인 바탕이 오히려 약화되었기 때문이라고 봅니다. 이에 대해 깊이 성찰해야 합니다. 자칫하면 운동의 대의나 가치마저 훼손할 수도 있습니다.

'교육'이라는 말보다는 '학습'이나 '공동학습'이라는 말이 좋다고 생각하

신인문운동가 이남곡 선생

이남곡 선생은 1990년대 법륜스님과 함께 '불교사회연구소'에서 활동하면서 사람과 공동체에 대한 새로운 모색을 고민하기 시작하였으며, 현재 공동체생활, 인문운동을 하고 있다. 스스로를 '신인문운동가'라고 소개한다.

는데, 그것이 협동조합을 비롯한 마을운동이나 공동체운동의 자생적이고 자립적인 생산성으로 이어져야 한다고 생각합니다. 실제로 이런 운동들은 구성원들과 소통하는 능력과 우애를 키우며 협동하는 사회적 공기가 성숙하지 않고는 뿌리를 내릴 수 없습니다. 따라서 인문적 바탕을 내재화하는 것은 이런 운동들을 성공시키기 위한 필수 요소라고 안내하겠습니다.

Q. 기후재난과 코로나19 팬데믹 등으로 인해 불확실하고 불안한 근대적 삶의 대안으로 지역(마을)에 대한 관심이 높아지고 있습니다. 근대 성장과정에서 훼손되고 중앙 집중화된 지역(마을)을 어떻게 회복할 수 있을까요?

오고 싶고, 가고 싶고. 나아가 살고 싶은 지역(마을)을 만드는 것이 핵심이라고 생각합니다. 특히 팬데믹이나 기후위기 등으로 인류 존속이 의문스러워지는 시대에 흔히 말하는 산업시설이나 돈벌이 사업 등을 유치하는 방법도 필요하겠지만, 그것은 '새로운 문화'와 '사회적 공기'를 만드는 것과 이어질 때 가치가 있다고 생각합니다.

산업화 이전의 마을공동체를 회복하는 것은 불가능할 뿐 아니라 바람직하지도 않습니다. 기후위기와 인공지능(AI) 시대가 동시에 진행되는 상황에서, 살고 싶어지는 새로운 삶의 방식이 어떻게 보편화될 수 있을까요? 근대 물질문명과 개인주의를 내장시키면서 이를 넘어서는 '단순소박한 삶II'가 어떻게 유행할 수 있을까가 마을이나 지역 운동의 큰 테마라고 생각합니다. 인공지능을 비롯한 과학기술의 발달은 놀라운 세계를 열어갈 것인데, 기후위기 등을 넘어설 수 있다면 아마도 자연친화적 소농이나 예술성을 발현하는 수공예 등 자아실현에 좋은 일(직업)들이 가장 인기 있게 될 것이라고 생각합니다. 객관적인 조건들은 상당히 성숙할 것인데, 오랜 물질 위주의 행복관이나 각자도생의 이기주의 같은 의식의 관성이 변하는 것이 큰 과제라고 생각합니다. 그래서 저는 21세기의 르네상스 운동을 꿈꾸어봅니다.

Q. 물질주의에 대한 피로도가 높아지면서 영성과 마음에 대한 관심이 높아지고 있습니다. 마을 또한 물질주의에서 벗어나지 못하고 있는데, 이런 상황에서 물질을 부정하지 않으면서 물질과 영성의 균형 잡힌 태도를 어떻게 가질 수 있을까요?

물질을 부정하는 것 자체가 어쩌면 물질에 사로잡힌 태도의 하나일 수 있지요. 이제는 물질을 부정하는 것보다, 물질보다 더 큰 즐거움을 찾고 키우는 것이 중요하다고 생각합니다. 원불교의 개교 표어에 '물질이 개벽되니, 정신을 개벽하자'는 구호가 있는데, 보편적으로 음미할 만합니다. 자본주의와 과학기술에 의한 물질개벽을 긍정하는 것에서 출발하고 있다고 생각됩니다.

'영성'이라는 것도 개인적인 깨달음에 그쳐서는 자칫 아집을 더 교묘하게 키울 수도 있습니다. 사회적 영성으로 이어질 때, 자신의 행복은 물론 사회의 행복을 함께 증진시킨다고 생각합니다. 그 영성 가운데 하나가 앞에 이야기한 '단순소박한 삶Ⅱ'를 즐기게 되고, 이웃과의 사이좋음이 커지는 것입니다. 이웃과 사이가 안 좋고, 단순소박한 삶의 풍요를 즐길 수 없다면, 그것을 영성이라고 할 수 있을까요?

Q. <협동조합이나 마을 만들기에 관한 이야기>라는 글에서 충(忠)과 서(恕)를 예로 들어 자아실현과 상생의 길을 설명하셨습니다. 자아실현이 자기를 넘어 함께 살아가는 지역에서 어떻게 우애와 생산력(활동력)을 증대할 수 있다고 생각하십니까?

충(忠)과 서(恕)는 공자가 일이관지(一以貫之)했다는 것인데, 서(恕)는 그런 대로 많이 인용되는 말이지만, 충(忠)은 인기가 없는 것 같아요. 오히려 거부감마저 있지요. 그런데 제가 보기에는 많은 오해가 있는 것 같습니다. 국가나 군주를 대상으로 충(忠)이란 말을 사용하다 보니 그렇습니다. 하지만 그것은 그 시대와 사회의 한계이지 충(忠) 자체의 의미는 아니라고 봅니다. 서(恕)가 상대를 그대로 받아들임으로써 상대를 살리는 것이라면, 충(忠)은 자기를 최대로 실현하는 상태를 가리킵니다. 서로 짝을 이루는 것이지요. 자기가 하고 싶은 일에 전념하여 그것이 기쁨으로 되는 상태가 충(忠)이라고 생각합니다. 협동조합이나 마을 만들기 같은 운동에서 이런 사회적 분위기가 만들어질 때, 비로소 일반 자본주의 사업과 다른 동기로 생산성이 확보될 것입니다.

다른 사람을 받아들이는 것이 곧 다른 사람들이 자기를 받아들이는 것으로 이어지고, 자기가 충분히 자기를 실현할 수 있을 때 다른 사람을 받아들일 수 있는 여유나 마음이 더 쉽게 열리지 않겠어요? '충'이나 '서' 같은 말은 고풍(古風)이라 다른 말로 표현하는 것이 젊은 사람들에게는 더 다가가기 쉬울 것 같군요. 좋은 말들을 만드는 것도 큰 생산이라고 봅니다.

Q. 시민들이 지역(마을)사업에 관심을 갖고 자발적으로 참여하기 위해서 어떻게 해야 한다고 생각하십니까? 또 행정이 주도하는 지역(마을)사업에 민간은 어떤 태도를 가져야 할까요?

어떤 분야는 행정이 주도할 수밖에 없는 경우도 있겠지요. 그런데 주민이 주인이 될 사업 분야에 관 주도의 예산 투입은 주객이 전도된 것입니다. 자칫하면 지역(마을)운동의 가치나 희망이 근본에서 훼손될 위험이 크고, 실제로 그런 현상을 많이 보고 있습니다.

병아리가 부화하는 과정을 나타내는 말로 '줄탁동시'라는 말이 있습니다. 주민의 준비가 '줄'이라면, 관의 도움이 '탁'인 것이지요. 내부(줄)가 준비가 안 된 상태에서 외부가 먼저 쪼면(탁), 생명이 탄생하는 것이 아니라 생명을 해하는 것이 되겠지요. 그런 의미에서 지역(마을)운동에 대한 일대 성찰이 절실한 시기입니다.

중앙이나 지방의 권력이나 정책의 변화가 지역(마을)사업에 사활적인 요인이 되는 상황이 이미 나타나고 있는데, 이를 넘어설 수 있어야 운동의 건강성이 확보되리라 봅니다.

Q. 공동체에 대한 기성세대의 전일, 집단, 공동, 책임 등의 경험과 다르게 청년들은 개인을 중심으로 공동체를 연결 짓고 있습니다. 기성세대와 청년세대의 공동체에 대한 다른 경험과 생각에 대해 어떻게 생각하십니까?

대단히 중요한 질문입니다. 이전 질문에서 대답한 것과 통하는 질문이군요. 이전 세대의 경험들, 전일성, 집단성, 책임감, 공동체성 등이 당위나 사명이 되는 것은 과거 운동에서는 그것이 일정한 역할을 했기 때문입니다. 하지만 그것은 사람들의 자유욕구를 억제하는 면이 있습니다. 개인주의가 이기적 경쟁과 결합되는 단점이 있음에도, 개인의 자유와 해방은 하나의 추세라고 생각합니다. 이 개인주의를 통과하여 그것을 넘어서는 '공동체성 Ⅱ'가 새로운 문화로 자리 잡기 위해서는 꽤 긴 과도적인 시기를 통과하리라고 봅니다.

청년 세대가 그런 문화를 만들어가는 주역일 수밖에 없습니다. 나이 든 사람들이 보기에는 그 개인주의가 공동체성과 모순되는 것처럼 보일지 몰라도, 청년들이 새로운 문화를 만들어가는 것을 지켜보면서, 그것을 돕는 방향에서 함께 생각하는 것이 좋다고 생각합니다. '공동체성 Ⅱ'를 지향하기 위해서, '활사개공(活私開公, 나를 살려서 공공의 이익을 열어간다)'의 의식의 진화를 바라봅니다.

Q. 지역(마을)사업을 할 때 사람들과의 관계가 제일 어렵다고 합니다. 지역(마을)을 활성화하려고 함께 일하는 사이에서 왜 갈등이 발생할까요? 또 생각이 다를 수밖에 없는 사람들 사이의 갈등을 어떻게 해결할 수 있을까요?

이해관계가 달라서 발생하는 갈등은 피할 수 없겠지요. 그 경우는 이해관계를 서로 타협하는 길밖에 없을 것입니다. 갑을(甲乙)의 기울어진 운동장이 되지 않도록 제도나 법규 등을 개선하는 노력을 해야겠지요. 그런데 이해관계가 충돌하는 것도 아니면서 같은 목표를 가진 사람들 사이에서 일어나는 갈등은 결국 '아집(我執)'의 다툼 때문입니다. 특히 리더에 해당하는 사람들이 연찬 태도를 몸에 익히는 장(場)을 만들고, 그것을 항상성 있게 운영하는 것은 결코 '한가한' 일이 아니라 절실한 현실적 요구라고 생각합니다.

Q. 연찬문화연구소 이사장으로 활동하시면서 일반적인 토론(회의)과는 다른 의사결정 방식으로 '연찬'을 소개해오셨는데, 지역에서 다양한 이해관계자(주민, 행정, 중간지원조직, 전문가 등)들이 참여하는 회의방식으로 연찬을 어떻게 활용하면 좋을까요?

제가 생각하는 연찬(研鑽)은 자신의 생각이 틀림없다는 '반과학적(反科學

的)'인 단정(斷定)을 벗어나, 누가 옳은가 하는 다툼이 아니라 그 시점에서 무엇이 가장 옳은가를 함께 찾아가는 태도와 마음가짐이 중요합니다. 모든 회의에서 이것을 적용하기는 쉽지 않습니다.

저는 과거에는 리더십이라는 말이 수직적 질서를 연상시켜서 그 말을 기피해왔습니다. 하지만 요즘은 오히려 새로운 운동의 수평성을 전제로 실제로 일을 성사시키기 위해서는 진정한 리더십이 절실하다고 생각합니다. 우선 해당 운동들을 진행하는 리더들이 이 연찬 태도를 몸에 익히는 노력이 선행되어야 합니다. 바쁜 일정에 그런 시간을 내는 투자를 할 수 없다고 생각할 수 있습니다. 하지만 그것은 일의 올바른 순서가 아닙니다. 성공을 위해 가장 귀중한 투자라고 생각합니다. 그렇지 못하면 결국 제자리에서 맴돌다가 지쳐서 일을 진척시키지 못하고 오히려 불화(不和)만 심화시키고 희망마저 사라질 수가 있습니다.

진정한 리더십이 있는 리더들이 양적으로 질적으로 늘어나서 각종 회의에서 그 역할을 하는 것이 대단히 중요합니다. 이런 선구자들이 각종 회의나 사업을 진행하면서 구체적인 진행방법이나 기술을 만들어갈 수 있다고 생각합니다. 새로운 운동의 수평적 리더십을 숙성하는 플랫폼을 만들어보시죠.

Q. 《논어-삶에서 실천하는 고전의 지혜》라는 책을 통해 논어와 공자에 대한 새로운 해석을 하셨는데요, 논어에 나오는 글귀 중에 지역(마을)활동을 하는 분들에게 추천할 만한 구절이 있다면 소개 부탁드립니다.

가장 간단한 것으로 두 개만 소개하겠습니다.

'화이부동(和而不同; 화합하되 같게 하려고 하지 않는다)'
'공호이단 사해야이(攻乎異端 斯害也已; 자기와 다른 생각을 공격하는 것은 해로울 뿐이다)'

서로 다른 것을 인정하고 자기에게 맞추려 하지 않으면 사이좋게 되고, 자기와 다른 생각은 공격의 대상이 아니라 검토의 대상이라는 문화가 자리 잡으면 마을운동이 즐거워질 것이라고 생각합니다.

(2021. 12)

7
지역과 사회적경제

지역과 사회적경제는 동전의 양면처럼 되어 있고,
서로의 필요에 따라 톱니바퀴처럼 작동한다. 지역은 사회적경제를 양성하고
사회적경제는 지역을 지탱하는 관계에 있다.

흔히 우리는 '사회적경제'를 경제의 문제로만 생각하곤 한다. 근대산업사회의 분리적 사고와 기업과 시장관리 관행이 오랫동안 우리에게 영향을 미쳤기 때문이다. 일, 교육, 돌봄, 인권, 기후 등의 사회문제와 그 문제를 해결하는 방식 모두가 칸막이로 나뉘어 있다.

이렇게 생각하는 데 익숙한 사람이라면 지역의 문제와 사회적경제는 별개의 문제로 둘 사이의 연결성이 크게 와 닿지 않을 것이다. 하지만 지역과 사회적경제는 분리될 수 없는 동전의 양면과 같은 관계로 대안사회 안에서 통합되어 있고 서로의 필요에 따라 톱니바퀴처럼 작동한다. 지역은 사회적경제를 양성하고, 사회적경제는 지역을 지탱하는 관계에 있다. 이것을

규모의 경제에 대응하는 범위의 경제(Economy of Scope, '범위의 경제'의 일반적 정의는 2종 이상의 제품을 생산할 때 각 제품을 다른 기업이 생산할 때보다 평균 비용이 적게 드는 경우라고 되어 있지만 여기서는 기후위기 등의 문제를 일으키는 대기업의 세계시장에 대응하는 경제활동의 공간적 범위로 변용해서 사용한다.)를 변용해 '지역의 사회적경제(Social Economy of Landscape)' 또는 '사회적경제의 지역(Social Economy of Scope)'이라고 부를 수 있다.

지역과 사회적경제는 서로를 지탱하는 관계

사회적경제는 지금과 같은 기후재난 시대에 지역을 회복하는 사업이자 생활을 소비에서 이용으로 전환하고 지역 내의 다양한 욕구를 조정하는 경제활동이다. 여기서 경제활동은 단순히 재화의 교환에 그치는 것이 아니라 자치와 자립, 협동과 연대, 시민 행복권과 통합된다. 결국 재화의 생산은 개인이 지향하는 생활을 위해 필요한 경제활동이기 때문이다.

물질과 정신을 포괄하는 경제활동의 지역적인 통합과 작동을 위해서 사회적경제가 가져야 할 방안은, 마르크 하쯔벨트가 정리한 《지역관리기업, 사회관계를 엮다》(착한책가게, 2018)에서 아이디어를 얻을 수 있다. 첫째, 사회적경제가 할 일은 지역의 다양한 주체들과 협력하고 이를 통해 연대와 호혜를 실천하는 것이다. 둘째, 수요와 공급, 직업 등의 특정한 사회관계만의 문제로 접근하지 않고 경제활동을 중심으로 복잡하게 연결된 직업, 정치, 교육, 돌봄, 의료 등을 연결하고 통합해야 한다. 셋째, 지역의 사회적경제는 사업적 정체성과 함께 지역적 정체성을 가진 기업으로 생존해야 한다. 규모화를 위해 성장을 우선시해서는 안 된다. 지역의 해체, 기후재난, 불평등과 같은 지금의 절박한 문제가 바로 규모를 위한 표준화, 성장을 위한 효율화에서 비롯되었기 때문이다.

21세기 사회적경제가 책임져야 할 기후재난, 불평등, 고령화 등의 사회문제 해결과 지속가능한 삶은 지역에서의 연대와 호혜, 통합적 실천으로만 가능할 수 있다. 21세기 사회적경제는 지역화를 시급하고 중요한 핵심 전략으로 채택해야 한다.

'사회문제 해결'과 '지역공동체를 위한 기여'는 분리될 수 없는 것

이제까지 국내 사회적경제의 사명은 "일자리, 불평등, 돌봄, 취약계층 지원 등의 '사회문제 해결'과 함께 '지역공동체를 위한 기여'"로 정의되어 온 면이 크다. 그렇지만 이 사명에는 보이지 않는 문제가 있다. '사회문제 해결'과 '지역공동체를 위한 기여'라는 떼어놓을 수 없는 목적을 분리하면서 사회적경제를 임노동의 경제활동으로 제한하고 있다.

여기서 '지역공동체를 위한 기여'는 기업 정체성에 따라 원자재를 공급받고, 노동자를 채용하고, 제품을 생산하고 유통하는 등 기업 경영의 전 과정에서 작동되는 기여가 아니라, 경영으로 발생한 수익 일부를 지역공동체에 기여하는 활동이 되기도 한다. 수익을 위해서 공장이 있는 지역의 자연환경을 훼손하고, 시장 확장을 위해 지역상권을 훼손하고, 중앙 표준화에 따라 지역문화를 훼손하는 신자유시장 시스템으로 작동하는 대기업의 가면을 쓴 지역공동체 기여와 구분하기 어렵다. 이렇게 '사회문제 해결'과 '지역공동체를 위한 기여'가 분리되면 사회적경제 기업가들에게 혼란을 불러일으킨다. 결국 지역공동체는 생산과 소비가 함께 이루어지는 경제공동체가 아닌, 기업 경영 성과로 내려지는 낙수효과를 기대하는 기업 경영의 수단이 되어버린다.

일관성도 우선순위도 없는, 뒤죽박죽 혼란스러운 상황을 일부 경제학 이론가들은 '쓰레기통 경영'이라고 부른다. 구분된 항목에 따라 세부적으로 목적을 맞추고 각각 상황에 맞게 조정할 수 있다는 생각이 겉보기에는 그럴싸해 보인다. 하지만 복잡하게 연결된 상황에서 오히려 해결되지 않는 문제들이 계속해서 발생한다. 따라서 사회적경제의 사명인 '사회문제 해결'과 '지역공동체를 위한 기여'는 지역자원과 지역주민이 중심이 되어 기업 활동의 전 과정이 지역 안에서 통합되고 순환될 수 있도록 다시 정의되어야 한다. 이것이 뒷받침되어야 사회적경제는 지역사회에서 고립되지 않고 경제활동을 통해 지역생태계의 일원으로 자기 역할을 다할 수 있다. 또 일거리, 돌봄, 주거, 청년, 기후재난 등의 다양한 문제들을 해결하면서 환경단체, 농민단체, 종교단체, 학교, 상인회 등 지역의 여러 조직과 다층적으로 협업할 수 있다.

지역 연대의 기반을 잃어버릴 때

캐나다의 퀘벡, 이탈리아의 볼로냐, 스페인의 바로셀로나, 한국의 원주처럼 지역명으로 사회적경제를 소개하는 이유는 협동조합이 지역을 중심으로 활동하고 지역에서의 연대를 기반으로 성공적인 사례를 만들어내고 있기 때문이다. 지역과의 연대가 이루어지지 않을 때 사회적기업가는 규모로 시장을 지배하는 신자유시장 기업에게 밀려나게 된다. 혹은 규모와 성장의 유혹에 빠져 자기 정체성과 책임을 잃어버리고 지켜야 할 경계를 넘어 시장을 지배하는 신자유시장 시스템에 포섭되고 만다.

대표적인 협동조합 성공사례로 소개되던 캐나다의 아웃도어 관련 소비자협동조합인 MEC(Mountain Equipment Coop)는 2020년 지역적인 연대의 경제를 잃어버리면서 미국 투자자본으로 시설이 매각됐다.

　이처럼 위험한 상황을 국내 사회적경제에서도 예상할 수 있다. 2019년 자료를 보면 서울시 마포구에는 323개의 사회적경제기업이 활동하고 있다. 이들 기업의 사업내용을 살펴보았을 때, 조직 성격상 마을기업과 자활기업을 모두 포함하더라도 약 30% 정도만이 지역과 관련이 있는 사업에 종사하고 있다. 물론 지역 관련 사업을 하지 않더라도 지역활동에 적극적으로 참여할 수 있지만 대부분 지역활동에 소극적이다.

　다른 지역의 상황도 마포구와 다르지 않을 것으로 보인다. 더 늦지 않게 사회적경제와 지역 사이의 연대가 이루어져야 지역이 회복되고 사회적경제에서의 경영이 지속가능할 수 있다. 사회적경제의 지역 연대는 생산과 소비의 지역성에 제한되지 않는다. 주민생활을 지원하기 위한 일거리, 자조기금, 시민자산화, 도시농업, 지방정부와의 거버넌스 등 생활에 필요한 지역 연대 활동 전체를 포함할 수 있다.

지역과 사회적경제를 통합하기 위한 사회적경제 모델

　지역과 사회적경제를 통합하기 위해서 앞서 말한 사사키 마사유키 교수의 '내발적 발전 모델'과 '플랫폼 모델'을 주민 주도로 시도해볼 수 있다. '내발적 발전 모델'은 지역공동체의 정체성을 뿌리로 주민들의 자발성과 창조성을 고양시키면서 환경(자연과 사회)과 산업이 조화를 이루고, 지역의 전통문화와 산업에 첨단기술을 적용하면서 다양한 산업으로 확장을 계획하는 방식이다.

'내발적 발전 모델'에 따라 주민들의 자율적인 참여로 이루어지는 사회적경제는 지역의 문제와 필요를 실용적으로 해결하는 능력을 토대로 아래 그림에서처럼 지역의 다양한 부문 활동을 사회적경제 방식으로 통합하고 사업화할 수 있다. 또 일본 협동조합운동의 경우처럼, 앞으로의 지역 생활에 중요한 의

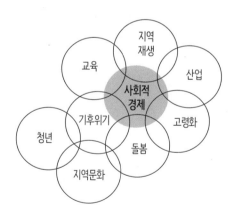

사회적경제를 축으로 하는 지역 내 다양한 부문의 연결과 확장

제가 되는 먹거리, 에너지, 돌봄(FEC : FOOD, ENERGY, CARE)에 집중해서 실천을 계획할 수도 있다.

지역을 범위로 하는 '사회적경제 플랫폼 모델'은 주민 개개인의 욕구와 활동에 집중하면서 이것을 사회적경제 사업(활동)으로 개발해서 주민들에게 제공하는 방식이다. 여기서 지역은 아래 그림처럼 개인의 욕구와 활동이 사회적경제와 만나는 허브(Hub) 역할을 한다.

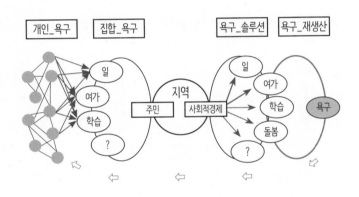

지역을 허브로 하는 사회적경제 플랫폼

위 그림은 개인의 욕구가 발생하고 집합되면서 욕구의 성격에 따라 사회적경제가 지역을 중심으로 다양한 해소방안(제품이나 서비스)을 제공하는 방식을 보여준다. 여기서 욕구와 해소

118

방안이 바로 지역 내 다양한 사회적경제 기업들의 사업 모델이 된다.

의료생협은 신뢰할 수 있는 진료를 받고 싶다는 주민(활동가)들의 욕구로 시작해서 같은 생각을 가진 사람들이 모여 지역에서 의료 서비스를 받고자 만든 협동조합이다. 은평구의 살림의료복지사회적협동조합은 조합원들의 요구로 진료와 치료뿐 아니라 질병 예방을 위한 '우리마을 건강활력소 다짐'이라는 운동센터를 개설해 운영하였다.

또 다른 예로 기후재난에 대응하기 위해 마포구에서 생태적 활동을 계획하던 주민들이 만든 '알맹상점'이 있다. 플라스틱 포장재와 일회용품을 사용하지 않고 제품을 담을 수 있는 용기를 가져가면 알맹이만 살 수 있는 쓰레기 없는 '알맹상점'은 개점과 함께 지역 안팎에서 많은 관심을 받았다. 그리고 이는 망원동 외에도 전국 여러 지역으로 제로웨이스트 숍과 리필 숍(Refill Shop)을 확산시킨 생활운동이 되었다. '알맹상점'은 주민들의 생태 감수성이 높아진 것과 흐름을 같이한다. 제로웨이스트 숍을 확산시킨 것뿐만이 아니라, 주민들이 생활 속에서 플라스틱과 일회용품 사용을 줄이고 대기업들도 리필 숍을 운영하는 등의 긍정적인 나비효과를 일으키고 있다.

지역에서 주민 욕구와 생태적 활동으로 시작된 '살림의료사협'과 '알맹상점'과 같은 좋은 사업 아이디어는 이용자 커뮤니티를 형성하고 사회가 긍정적인 방향으로 진화할 수 있게 해준다.

프랑스 사회학자이면서 사회개량 운동가인 르플레(F. Le Play)는 "공동체는 장소, 사람, 노동의 유기적 상호작용에 의해 만들어진다"고 했다. 인류의 역사를 경제사적으로 설명하지 않더라도, 삶은 경제활동으로 이루어진다는 것을 누구나 실감할 수 있다. 근대산업의 등장과 함께 사람들이 지역을 떠나고 도시의 공장으로 이주하면서 지역의 해체가 본격적으로 시작되었다.

지금도 계속해서 많은 지역이 경제적인 이유로 해체되는 중이다. 또 코로나19 팬데믹 이후 지역에서 삶을 계획하는 사람들에게 가장 어려운 장애물이 경제활동이다. 지금 사회적경제는 지역 회복을 위해 '가장 큰 역할'을 맡을 수밖에 없다.

8
지역과 기후재난

자연계가 훼손되는 과정에서 지역도 훼손되고 해체되었다.
자본주의 시스템 안에서 생태계와 지역 모두 연결과 순환의 고리가 끊겨버린 것이다.
기후재난과 지역위기는 물적 성장의 그림자로 연결되어 있다.

몇 년째 계속되는 봄철 가뭄에 지하수를 퍼 올리는 소농들의 관정에 물이 말랐다고 한다. 제주도 해녀들은 바다 밭이 말라 미역과 다시마를 비롯한 해산물 채취가 어려워져 해녀 일을 놓는다고 한다. 꽃이 피면 어디선가 날아오던 벌도 보기 어려워졌다. 여름마다 찾아오는 살인적인 폭염과 폭우, 겨울 가뭄으로 인한 산불로 국내에서도 이제는 어렵지 않게 기후재난을 실감하고 있다.

세계는 기후재난의 징후가 더 심각하다. 폭염에 의한 산불이 마을까지 내려와 배를 타고 바다로 탈출하는 그리스 사람들, 100년 만의 기록적인 폭우로 도로가 내려앉은 독일, 최악의 폭염과 가뭄이 일으킨 식량문제로 삶의 터전을 떠나는 시리아 기후난민, 3개월 동안의 폭우로 갠지스 강이 범람해 3천만 명의 이재민을 낳은 파키스탄. 하지만 자연계는 인간보다 더 큰 재난을 맞고 있다. 최대 200여 종의 생물이 매일 멸종되고 있고 전 지구의 포유류, 조류, 어류, 양서류, 파충류 개체수가 지난 50년 동안 3분의 2가 사라졌다.(2020 지구생명보고서, WWF)

노벨상을 받은 경제학자 폴 크루그먼이 역사상 과학자들의 재난 예측률은 0%라고 했지만 진화생물학자 스콧 터너의 말처럼 지금 지구 곳곳에서는 기후재난의 징후들이 계속해서 나타나고 있다.

지금껏 경험하지 못한 전 지구적인 기후재난에 과학자들은 이산화탄소를 포집하고, 가뭄 지역에 인공강우를 내리고, 성층권에 에어로졸을 분사해서 태양 빛을 반사하는 등의 대책을 검토하고 있다. 각국 정부는 화석원료를 사용하는 채굴산업을 그린뉴딜을 통해 탄소중립을 목표로 하는 산업 시스템으로 전환하려고 한다.

이런 방법들이 기후재난 해결에 도움이 되면 좋겠지만 기후영향 전문가들은 과학기술만으로는 인간이 알지 못하는 지구 생태계를 조절하는 자율순환 고리를 대신할 수 없고, 성장을 목적으로 한 그린뉴딜로는 1.5도 임계점을 앞두고 있는 기후재난 상황을 멈추기 어렵다고 한다.

생태계 회복의 근본 대책은 지역의 회복

자동차와 교외 쇼핑몰, 맨션주택으로 상징되는 중산층의 욕망이 생겨난 1940~1970년 자본주의 영광의 시대는 석유, 석탄 등의 화석연료를 채굴하고 바다, 숲 등의 공공재를 개발하면서 놀라운 물적 성장을 이루었다. 하지만 이 시간은 지구 역사상 최악의 약탈을 자행한 시간이었다. 채굴과 개발은 자본주의가 필요로 하는 성장의 중요한 동력이다. 멈출 수 없는 성장이 다시 채굴과 개발로 이어져 끊임없이 생태계를 훼손하면서 기후재난을 불러온 것이다.

자연계가 훼손되는 과정에서 지역도 훼손되고 해체되었다. 효율과 성장을 위한 표준화되고 중앙 집중화된 자본주의 시스템에서 지역의 역할은 생산기지이거나 소비시장에 지나지 않았다. 지역이 담고 있는 우애, 환대, 협력, 돌봄, 신뢰는 상품시장에서 장애가 될 뿐이었다. 자본주의 시스템 안에서 생태계와 지역 모두 자기 작동의 내재적 원리인 연결과 순환의 고리가 끊겨버린 것이다. 끊겨버린 순환의 고리를 대신해 지역에서는 먼 곳에서 끌어온 전기를 쓰고, 배를 타고 대양을 건너온 먹거리와 생활용품을 먹고 쓰며, 병 치료와 교육을 위해 차를 타고 서울로 원정을 간다. 이렇게 기후재난과 지역위기는 물적 성장의 그림자로 연결되어 있다.

이런 면에서 생태계 회복의 근본적인 대책은 지역의 회복이다. 더 많은 부를 차지하기 위해 경쟁하고 재물(현금과 현물자산)을 소유하는 동안에 생활은 내 안에서도 지역 안에서도 순환되지 못하고 소진되고 고립되어간다. 서로 의존해서 살아간다는 지역이 지닌 특징을 충분히 살린다면, 사회는 신뢰 없는 경쟁 속에서 살아남기 위한 성장과 관계 결핍에서 오는 과잉소비에서 벗어나, 탈성장과 감축, 재생으로 기후재난에 긍정적으로 대응할 수 있다. 상호의존하고 되먹임되는 지역의 돌봄순환이 지역생태계를 다시 회복시킬 수 있다.

기후재난은 폭염, 산불, 가뭄, 폭우 등의 자연재난과 기후분쟁, 빈곤, 경제 붕괴 등의 사회재난이 동시에 되먹임되면서 통제 불가능한 사태를 일으킨다. 기후재난의 되먹임 과정은 자원과 돌봄이 순환되는 지역생태계 되먹임 과정으로만 대응할 수 있다.

먹거리, 돌봄, 주택, 에너지, 일자리 등의 기본 생활과 관련된 영역에서부터 지역에서 적극적으로 기후재난에 대응해보자. 멀리 떨어진 발전소에서 화석연료로 생산되는 에너지를 지역 안에서 분산된 재생에너지로 대체하고, 살아있는 것들을 병들게 하는 화학비료와 농약을 사용하는 먹거리 생산과 소비를 지역 내 유기농 생산과 소비로 바꾸고, 토건과 투기세력이 장악한 주택시장을 공공임대주택으로 대신해 주민들이 관리하고, 시장에서 판매되는 건강과 돌봄을 호혜관계로 전환하면서 공공자원을 늘려간다면 기후재난을 멈출 수 있다.

기후재난에 대응하는 영국 토트너스 마을

영국의 전환마을 토트너스는 지역에서 기후재난 대응이 어떻게 통합적으로 연결되고 실천되는지를 보여주는 좋은 사례다. 1986년부터 1996년까지 영국 전역을 휩쓴 광우병 파동으로 토트너스는 대량생산과 대량소비 시스템으로는 더 이상 안전하고 건강한 미래를 맞이할 수 없다고 확신하고 지역에서 생활방식을 근본적으로 바꾸는 방식을 채택했다. 로컬푸드와 텃밭 활동, 근거리 유통, 지역화폐 '토트너스 파운드' 사용, 온라인으로 음식 직거래하기 등의 생활화로 토트너스 전체 주민의 절반 가까이가 전환마을운동에 참여하고 있다. 전환마을운동은 화석 에너지와 불안한 먹거리, 생태교육 등을 중심으로 개인이 가진 생활에서의 문제의식을 밝히고 같은 생각을 하는 주민들이 모여 전환가정을 만들고, 전환가정들이 모여 전환거리를 형성하고 있다.

토트너스에서는 점점 심각해지는 기후위기에 대응하기 위해 총 9개의 '에너지 하강 실천워킹그룹의 전환 프로젝트'를 진행하고 있다. 이를 통해 에너지 사용을 감축하고 지역생태계 순환을 가속하는 실천을 하고 있으며 2030년까지 화석 에너지로부터의 독립을 계획하고 있다. 9개의 프로젝트를 살펴보면 다음과 같다.

첫째, 에너지 프로젝트는 에너지 생산과 사용 과정에서 직접적으로 탄소배출을 줄이기 위해 태양열 온수기 공동구매하기, 재생가능 에너지 협동조합 만들기, 재생가능 에너지 보급사업을 실천한다.

둘째, 빌딩주택 프로젝트는 탄소배출을 줄이면서 함께 어울려 사는 지역을 만들기 위해 따뜻한 데본 지역 만들기, 지역개발계획 참여하기, 생태건축하기, 코하우징 사업하기를 실천한다.

셋째, 교통 프로젝트는 자동차보다 자전거와 보행로를 중심으로 하는 교통계획에 참여하기, 바이오연료 사용하기, 자전거길 만들기를 실천한다.

넷째, 경제 삶터 프로젝트는 생산하고 소비하는 경제생활 모두를 녹색생활로 전환하기 위해 녹색에너지 사용하기, 에너지 고효율 전구로 교체하기, 지역순환경제를 연결하는 지역화폐 활동하기, 지역기업 지원하기를 실천한다.

다섯째, 먹거리 프로젝트는 화학비료를 사용하지 않고 지역에서 생산하는 농산물로 식생활을 자급자족하고 이웃들과 나누기 위해 텃밭 공유하기, 로컬푸드 가이드북 제작과 이용 장려하기, 너트나무(천연세제) 보급하기, 종자 다양성 지키기, 음식

토트너스 마켓(Totnes Market)
영국 전환마을 토트너스는 기후위기 대응이 지역에서 어떻게 전체적
으로 작동되는지를 보여주는 좋은 사례다. by Alison Day
출처 : https://www.flickr.com/photos/levettday/8905961216

을 온라인 허브에서 직거래하기, 먹거리 생산자와 소매상 잇기
를 실천한다.

여섯째, 건강웰빙 프로젝트는 건강한 마음과 몸으로 건강한
공동체를 만들기 위해 공동체 건강텃밭 만들기로 협동활동을
실천한다.

일곱째, 문화예술 프로젝트는 지역에서의 생활이 풍요로워
질 수 있도록 지속가능한 예술가 만들기, 모두가 즐길 수 있는
다양한 문화행사 만들기를 실천한다.

여덟째, 마음과 영혼 프로젝트는 토트너스 전환마을(TTT,
Transition Town Totnes) 공동체 생활을 지탱해주는 개인의 성찰
과 공동체 생활에서 오는 구성원들의 피로감과 갈등을 해결하
기 위해 회복력 지원하기, 마음과 영혼 워크숍 개최하기, 내적

전환과 생태적 성찰하기 활동을 실천한다.

끝으로 아홉째, 교육 프로젝트는 앞 세대의 지혜를 변화되는 사회 경향과 융합하여 지속가능한 지역을 만들기 위해 나의 이야기 세대 간 소통하기, 전환도서관 이용하기를 실천한다.

이 가운데 여덟째인 마음과 영혼 워크숍은 눈으로 보이는 활동이 아니라 지나치기 쉽지만 공동체 구성원들의 상처받은 마음을 치유해서 다른 프로젝트가 잘 진행될 수 있게 하는 환대와 우정을 만드는 힘이 되는 프로젝트다. 토트너스 주민들은 아침부터 저녁까지 자연과 이웃과 함께 사는 풍요로운 삶을 실천하면서 새로운 문명을 창조하는 중이다.

토트너스가 짧은 시간 동안 이뤄낸 사례에서 보듯이 지역에서 주민들이 기후재난에 대응하는 다양한 전환활동을 실천한다면 기후재난을 생태공동체를 회복하는 기후희망으로 만들 수 있다.

"아무리 무시무시한 위험이라도 직접 손으로 만져지는 것처럼 가깝지 않으면 우리는 가만히 앉아 아무런 조치도 취하지 않는다. 그러다 문제가 눈앞에 닥치고 상황이 나빠져 어떻게든 대응을 하지 않을 수 없게 되면 그때는 이미 늦어버릴 것이다."

- 기든스의 역설(Giddens's paradox)

마을에서 에너지 전환을 디자인하다[*]

미호동넷제로공판장

Q. '미호동넷제로공판장'은 지구적 기후위기를 해결하는 방법으로 마을 (지역)에서 새로운 넷제로 문화를 실천하고 있다는 점이 흥미롭습니다. '넷제로공판장'이라는 이름으로 미호동에서 지역사업을 시작한 배경 과 어떤 사업을 하고 있는지 소개해주세요.

파리협약(Paris Climate Change Accord)과 기후변화정부간협의체 (IPCC)의 지구온난화 1.5℃ 특별보고서 등으로 기후위기에 대한 인식 확 산과 국제사회와 정부의 대응이 본격화되고 있습니다. 무엇보다 지역사

---

[*] 2021년 5월, 과거 대통령 별장이던 청남대의 경비 파출소 자리에 친환경 주민 공간 미호동 넷제로공판장이 문을 열었다. 이곳에서는 주민들이 직접 내놓은 농산물, 지역의 친환경 농산 물, 지구에 해를 끼치지 않는 생활용품(제로웨이스트 상품), 에너지 전환 아이템 등을 판매하면 서, 삶에서 넷제로를 실천할 수 있는 방법을 시민들에게 안내한다. 이 글은 미호동넷제로공판 장의 설립부터 운영까지 함께해온 에너지전환사회적협동조합 '해유' 양흥모 이사장과의 인터 뷰 내용을 정리한 것이다.

양흥모 이사장은 환경운동에서 지역의 중요성을 인식하고 주민들과 함께 다양한 녹색전환활 동을 실험하기 위해 에너지전환사회적협동조합 '해유'를 설립하고 이사장을 맡고 있다. 환경문 제를 감시하고 해결하는 대전충남녹색연합 사무처장에서, 새로운 녹색문화와 경제를 만들어 가는 녹색혁신가(Green Innovator)로 변신 중이다.

'미호동넷제로공판장'
전경과 내부

회와 주민들의 참여가 매우 중요하다고 판단하고 준비가 충분하지 않다
하더라도 '당장 시작해야 한다'는 생각으로 '미호동넷제로공판장'을 열
게 되었습니다.

'미호동넷제로공판장'은 대전시 대덕구, 미호동복지위원회, 신성이앤에
스㈜, 대전충남녹색연합, 에너지전환해유 사회적협동조합(이하 에너지
전환해유), 이렇게 5개 민관조직이 처음부터 같이 기획하고 협의해서 1
년 남짓 준비했고, 2021년 5월 13일 개관해서 운영하고 있습니다.

1층의 넷제로공판장에서는 제로웨이스트 상품과 마을 농산물을 판매하고 있고, 2층 넷제로도서관에서는 시민들을 위한 마을에너지 전환교육과 넷제로 생활을 마을에서 준비하고 실천하는 주민모임 등이 진행되고 있습니다.

Q. 넷제로라는 말은 아직 많은 사람들에게 낯설고 어렵습니다. 처음 미호동에서 넷제로공판장을 한다고 했을 때 주민들의 반응은 어떠했습니까? 그리고 사업을 시작한 지 어느 정도 지난 지금 주민들의 반응은 어떻게 달라졌습니까?

처음 시작은 마을 통장님들과 기존의 공판장을 넷제로공판장으로 바꿔 새롭게 운영하자고 제안하고 상의하는 일이었는데, 처음에는 생소하게 느끼고 어려워했습니다.

그래서 '미호동마을넷제로디자인학교'를 열어서 주민들이 넷제로 생활을 경험하고 마을을 넷제로로 디자인해보는 과정을 거쳤습니다. 노래하고, 그림 그리고, 사진 찍고, 글 쓰고, 요리하고, 이야기를 만들면서 마을에서의 넷제로를 상상했죠. 그리고 넷제로 간판이 달려 있다 보니까 주민들이 넷제로가 뭐냐고 묻고 답하면서 이제는 많은 분들이 넷제로를 이해하고 알고 있습니다. 개관 행사에서 주민합창단이 마을넷제로송을 부를 때는 정말 감동이었습니다. 미호동은 주민들이 넷제로를 노래하는 마을이에요.

Q. 지역사업을 잘하려면 활동가들과 주민들과의 관계가 굉장히 중요한데요. 활동가들이 주민들과 관계를 만들어가기 위해 처음부터 지금까지 이어온 과정은 어떠했습니까? 또 생각하지 못했던 어려운 점과 아직까지도 겪고 있는 어려운 점이 있다면 무엇입니까? 반면에 즐겁고 보람 있었던 일은 무엇입니까?

개관 직전에 주민들에게서 문제제기를 받았어요. 예전 공판장처럼 라면, 소주, 막걸리 같은 주로 이용해왔던 물건들을 팔라는 요구였지요. 통장님들과 상의하고 '넷제로주민디자인학교'를 하면서 나름은 소통을 했다고 생각했는데, 주민들은 '넷제로공판장'이 문제라고 생각하신 거죠. 운영하며 풀어갈 문제로 남겨두었는데 잘못 생각했던 거예요. 정부에서나 마을에서나 넷제로 실현은 매우 어려운 일이라고 새삼 느꼈어요. 에너지를 소비하는 데 익숙한 기존 문화와 생활 전반에 근본적인 변화가 필요하기 때문에 쉽게 생각해서 될 문제가 아니었던 겁니다.

그래서 우선 지역주민들의 의견을 대부분 수용해서 주민 생필품 코너를 공판장 내 좋은 위치에 마련하고 주민들과 넷제로공판장 공동운영위를 정기적으로 개최해서 운영을 보고하고 안건을 논의하고 있습니다. 최근에는 '넷제로농산물장터'를 같이 기획하고 준비하면서 서로 소통하고 관계가 두터워지는 경험을 하고 있습니다.

Q. 지역사업은 결국 주민들의 역량을 강화해서 향후 주민 스스로가 지역에서 자율성을 가지고 자주적으로 사업을 운영하게 하는 과정입니다.

주민들의 역량을 강화하기 위해 어떤 사업을 하고 있습니까?

우선 개관 전 마을자원 조사를 위해서 주민들이 직접 설문 및 대면 인터뷰 조사를 진행했고 '넷제로주민디자인학교'를 열어 주민들과 넷제로공판장에서 함께 해야 할 일에 대해 소통을 했어요. 개관 이후 현재는 에너지전환해유와 주민복지위원회가 공동으로 공판장 운영위원회를 개최하고 있는데, 한 달에 한 번 정기적으로 회의를 열어 공판장 운영과 기획을 논의하고 있죠.

현재 넷제로그림자극('투발루에게 수영을 가르칠 걸 그랬어') 모임과 그림 그리기 모임 등 두 개 동아리가 만들어져서 활동을 하고 있고 '넷제로농산물장터'도 준비하고 있습니다. 주민들이 활동을 통해 경험이 쌓이면 기획과 운영 역량도 높아지고 자치적인 활동이 가능하리라 봅니다.

Q. 본격적으로 '미호동넷제로공판장' 사업을 시작하기 전에 주민디자인학교를 운영하셨는데요, 지역사업에서 주민디자인학교와 같은 주민 대상 교육의 중요성과 교육을 준비할 때 특히 신경 써야 할 부분이 있다면 무엇입니까?

일회성 사업이 아니라면 사업의 지속성과 목적 달성을 위해서는 교육이 매우 중요하다고 봅니다. 특히 교육을 위한 사전준비와 기획이 매우 중요하죠. 에너지전환해유도 처음 시도하는 사업이어서 지역주민, 전문가와 같이 상의하고 기획했어요.

마케팅커뮤니케이션협동조합 '살림'과 함께 사전에 지역주민 욕구를 조사하고 지역 상황에 맞춰서 '주민디자인학교'를 기획했습니다. 1차시, 2차시를 시작으로 점점 학교를 진행하면서 주민들 각자가 조금씩 자기 이야기를 시작하고 주민들끼리도 소통할 수 있도록 '이렇게 하면 된다'는 식의 강의보다는, 그림으로 넷제로 표현하기, 마을 노래 만들기, 채식 요리 해보기, 몸으로 표현하기, 마을 사진 찍기, 마을 이야기 작성하기 등 예술문화활동을 통해 즐겁게 내 생각을 표현하고 소통하는 것에 초점을 두었어요. 새로운 것을 충분히 받아들일 수 있도록 준비한 거죠. 마지막 시간이 유일한 강의였는데 정말 잘 이해하고 소화하셨어요.

새삼 깨달았죠. 새로운 일을 할 때는 새로운 것을 받아들일 준비와 상태가 매우 중요하다는 것을요.

Q. 기후위기 시대에 지역 생태계를 회복하는 지역활동으로 꼭 넷제로공판장이 아니더라도 '지역과 넷제로' 또는 '지역에서의 넷제로'의 중요성을 강조해서 설명해주시겠습니까?

넷제로는 2050년까지 탄소 순배출을 제로로 만드는 것입니다. 목표이자 과정이죠. 중앙정부가 주도해서 하게 되면 넷제로 사회주의처럼 되겠죠. 실패할 가능성이 높고요.

주민들이 스스로 시작하고 마을과 지역에서 모델을 만들어야 가능하다고 생각해요. 넷제로에서 에너지가 가장 큰 부분인데요, 중앙정부 주도의 대규모 발전소에서 전력을 공급하는 것은 이제 끝났어요. 지역에서 필요한 전력을 지역에서 재생에너지로 생산해서 공급해야 하죠. 넷제로를 위한 먹거리, 쓰레기, 지역 산업, 교통 등 새로운 변화와 행동이 가정과 마을, 지역에서 시작되어야 해요.

Q. 미호동넷제로공판장을 운영하는 '에너지전환사회적협동조합 해유'는 어떻게 새로운 사업을 개발하거나 제품을 개발하고 있습니까? '해유' 만의 사업과 제품개발 방법이 있다면 무엇입니까?

에너지전환해유의 핵심사업은 재생에너지 보급과 교육 등 에너지 전환 부분과 넷제로공판장 운영과 사업 등 제로웨이스트 부분인데요. 이 두 가지를 융합해서 사업을 기획하고 있어요.

에너지전환해유의 핵심 참여 그룹인 대전충남녹색연합의 환경운동과 에너지기업 신성이앤에스의 기술력을 바탕으로 기술자와 디자이너, 공무원, 지역주민들과 같이 논의하면서 사업과 제품을 개발하고 있어요. 그렇게 해서 나온 새로운 것들로 기후채식 캠핑, 넷제로농산물장터(프리마켓), 제로웨이스트 꾸러미, 정월대보름 꾸러미, 에너지전환 마당극, 햇빛발전 예금상품 등이 있어요.

Q. 지역사업은 민과 행정의 협치가 중요한데요, 지역사업에서 많은 조직들이 행정과의 협치에 어려움을 겪고 있습니다. 하지만 '미호동넷제로 공판장사업'은 대덕구와의 협치가 잘 되고 있다고 들었습니다. 민이 행정과 (협치)사업을 잘할 수 있는 방법은 무엇이라고 생각하십니까?

세상에서 제일 어려운 일이 협치가 아닐까 생각합니다. 말은 좋지만 현실적으로 아주 극단적인 결합이죠. 공무원들은 자기가 주관하지 않으면 자기 일이 아니라고 생각해요. 거버넌스는 일만 많고 피곤하다고 생각하죠. 민간은 다양해요. 주민들, 기업, 시민단체 등 입장과 요구가 다 달라요. 민관이 단순히 물리적으로 결합만 해서는 좋은 성과가 나오기 어렵다고 봐요. 민과 관을 잘 연결하고 소통하고 코디하는 전문적인 역할이 필요하죠.

다르다는 것을 이해하고 인정하는 것부터 시작이에요. 서로 입장이 같을 수 없다는 것을 아는 것이 중요하죠. 이런 태도가 일의 절반 이상이라고 봅니다. 협치 파트너로서 대덕구 공무원들은 협치를 할 수 있는 준비가 되어 있고 훌륭하다고 봅니다.

Q. '미호동넷제로공판장'으로 미호동 주민과 마을이 달라진 점이 있다면 무엇입니까? 또 어떤 활동을 새롭게 계획하고 있습니까?

지역주민들은 넷제로공판장에 천연수세미, 현미찹쌀, 늙은호박, 재팥, 호랑이강낭콩, 백도라지차, 된장, 고추장 등을 내다 팔고 계시죠. 넷제로 취지를 이해하시고 플라스틱과 비닐 등 일회용품을 사용하지 않고 유리용기나 재활용 된 종이로만 포장해서 내놓고 있는데요. 오래 전부터의 습관과 기억을 살려 너무 잘하고 계세요. 매월 넷째 주 토요일에 운영되는 넷제로장터에서도 마찬가지로 일회용품 없이 물건을 내놓고, 사는 분들도 빈 용기와 장바구니를 갖고 오셔서 호응하고 있어요. 넷제로가 머리가 아니라 손과 가슴으로 소통하고 연결되고 있는 거죠.

특히 농산물을 내놓은 주민들은 나이 많은 소농들이 많아요. 여성들이고요. 이분들의 농사는 가족이 먹을 것들을 생산하고 조금 남는 정도입니다. 외지에 나가 있는 자식들이 집에 오면 자식처럼 키운 농산물들을 이것저것 싸주는데 "이거 못해 먹어요." 하고 가져가지 않고 오히려 "어려운 농사 그만하세요."라는 잔소리만 듣는다고 합니다. 평생 동안 농사일을 해온 농부로서 자존감이 떨어지고 있는데 넷제로장터에서 "물건 좋아요, 이거 키우느라 얼마나 고생하셨어요?", "이거 어떻게 해먹어요?", "이렇게 많이 주세요? 다음에 또 올게요." "짚단으로 묶은 게 너무 예뻐요."라는 위로와 질문, 칭찬을 받으니 얼마나 좋겠어요. 주민 분들이 기뻐하는 모습에 사는 시민들도 기쁘고요.

넷제로공판장과 장터는 회복과 협력의 플랫폼이고 크고 작은 일들이 계속 만들어지고 있어요.

올해는 연초부터 주민 분들이 예산을 만들어 '넷제로장터학교'부터 열었

미호동 지역 주민들은 '넷제로를 위한 먹거리, 쓰레기, 지역 산업, 교통 등 새로운 변화와 행동을 가정과 마을, 지역에서부터 시작하자'는 마음으로 매달 넷제로장터를 운영한다

어요. 다른 지역의 플리마켓 등 사례도 연구하고 장터를 어떻게 준비하고 운영할지 공부했죠. 그러더니 '넷제로장터운영단'을 만들고 장터 운영 예산도 확보해 4월 23일 첫 장날 준비를 했어요.

작년에는 에너지전환해유가 장터를 이끌었다면 올해부터는 주민들이 주도하고 에너지전환해유는 돕는 형태로 바뀌었어요. 작년, 식당을 운영하는 주민과 채식 메뉴 개발에 이어 올해(2021년)는 주민 분에게 밭을 빌려 넷제로 텃밭을 운영할 계획입니다. 특히 청소년과 청년들이 농사와 환경, 먹거리의 가치를 경험하는 공간으로 활용할 계획입니다. 산업자원부의 지원을 받는 마이크로 그리드 사업도 주민들의 높은 호응으로 주민 설명회가 진행되어 에너지자립마을 조성도 시작되었어요.

Q. 미호동 지역에서 '넷제로공판장'은 앞으로 어떤 꿈을 갖고 있습니까?

미호동을 영국의 토트너스와 같은 에너지 자립마을로 만드는 것이 1차 목표예요. 그리고 이 모델을 다른 마을, 다른 지역으로 확산하는 것이 우리 에너지전환해유의 미션입니다. 넷제로마을을 파는 것, 우리 사업의 목적이고 꿈입니다.

(2021. 6)

9
디지털 기술과 지역의 발명

지역 기반 디지털 기술은 새로운 현실이며 그 가능성에 주목해야 한다.
디지털 기술은 지역 내 관계를 촉진할 수 있고
지식과 경험, 물품의 교류를 가능하게 한다.

생활 곳곳에서 디지털 기술이 편리하게 이용되고 있다. 디지털 기술의 도움으로 일과 여가시간, 집과 일터 구분 없이 생활하고 있다. 한편으로는 점점 발전하고 있는 인공지능과 사물인터넷(IoT) 기술과 같은 첨단 디지털 기술이 사람들의 노동을 대신하면서 앞으로 사람들이 할 수 있는 일이 있을까 하는 걱정도 있다. 하지만 디지털 기술은 식료품을 문 앞까지 배달시키는 것부터 어디서든 실시간으로 화면을 연결해 일하는 것, 그리고 도움이 필요한 노인을 돌보는 일에 이르기까지 우리의 일상생활을 바꾸고 있다.

디지털 기술과 지역활동의 융합

지역에서는 함께 밥 먹고, 차 마시고, 회의하는 등 주민들 사이에서 직접적인 만남으로 만들어지는 호혜 관계가 중요하다. 그래서 같은 공간에 있지 않아도 거리와 시간의 장애 없이 편리하게 생활할 수 있도록 해주는 디지털 기술의 발전이 주민들 간의 관계를 훼손하지 않을까 하는 우려가 크다. 하지만 지역 기반의 중고물품 거래 앱 '당근마켓'과 마을에서 비어있는 주차공간을 찾아주는 '모두의 주차장' 경우를 보더라도, 디지털 기술을 생활에 적절하게 이용하면 커뮤니티가 회복되고 자원이 순환되며 지역 발명의 기회가 생길 수 있다. 게다가 디지털 환경에서 성장하고 디지털 기술에 익숙한 디지털 네이티브인 20~30대 주민들이 지역에 등장하고 지역활동의 중심이 될수록 디지털 기술은 지역 발명의 필수 도구가 될 수밖에 없다.

그렇다면 이제부터는 디지털 기술을 지역활성화를 위한 도구로 어떻게 사용할 수 있을지 적극적으로 계획할 수밖에 없다. 디지털 기술과 사람을 구분하듯 디지털 기술과 지역을 나누는 이분법적 태도는 사라져야 한다.

'중고물품 할인(garage sales)' 모습. 당근마켓처럼
오래 전부터 집에서 사용하지 않는 중고품의 나눔과
거래는 지역 형성의 중요한 이벤트였다. by pxhere
출처:https://pxhere.com/ko/photo/169268

지역활동에 도움이 되는 디지털 기술

  디지털 기술이 지닌 특징 중에 지역 발명에 도움이 되는 특
징을 꼽아본다면 ①활동에 시간적, 공간적 제한이 없고, ②자
료의 축적과 사용이 편리하고, ③개인화된 욕구를 선택적으로
해결하고, ④주민의 필요와 욕구를 주민의 자원으로 연결하고,
⑤지역사업을 진행하면서 주민들의 반응을 빠르게 확인해서
사업을 개선할 수 있다는 것이다.

  1. 시간과 공간의 제한 없이 상시적으로 주민들 사이의 소통
을 가능하게 한다.
  언제든 모든 주민이 지역정보에 접근해 의견과 아이디어를

제안하고 이렇게 제안된 의견과 아이디어를 전체 주민들의 의견으로 공론화하거나 지역사업화할 수 있다. 직장에 다니는 주민들은 시간적인 제약 때문에 지역활동에 마음이 있어도 적극적으로 참여하기가 어렵다. 디지털 기술은 지역에 관심 있는 주민이라면 누구라도 원하는 시간과 장소에서 지역정보를 얻어 의견과 아이디어를 제안하고 개인 상황에 맞는 방식으로 활동할 수 있게 한다.

소셜미디어가 성공을 거둔 것처럼 비대면으로 개인과 지역의 경험을 다른 주민들과 공유할 수 있다. 마을 온라인 미디어는 개인의 취미, 관심, 활동을 소개하고 같은 생각과 취미를 가진 주민들을 연결해 함께 활동할 수 있는 기회를 제공할 수 있다. 특정 기간이 아니라 지역을 위한 아이디어를 일 년 내내 제안하고 관심 있는 주민들이 모여서 함께 일을 도모할 수 있다. 지역에서 N개의 모임과 N개의 일을 벌일 수 있는 것이다. 이렇게 디지털 기술은 긴밀한 연결 통로를 만들어 일상적으로 경험과 지식을 공유하고 공동의 창조 과정을 전개하게 할 수 있다.

하지만 지역에서 만든 홈페이지, 블로그, 페이스북 등 디지털 공간은 운영이 쉽지 않다. 기술이 있더라도 기술과 인간을 연결하는 콘텐츠(소프트웨어)가 없다면 기술이 제대로 사용되지 않기 때문이다. 앞으로 지역의 온라인 소통 공간을 활성화하기 위해서는 주민들이 매력을 느낄 수 있는 콘텐츠가 끊임없이 생성되는 가운데 디지털 기술에 익숙해지는 시간이 필요하다.

2. 지역과 관련된 자료들을 축적해서 누구나 필요할 때 열람할 수 있고 필요한 곳에 사용할 수 있다.

소셜 리스닝(Social Listening) 기법처럼 매일매일 나오는 지역의 자료를 빅데이터로 사용할 수 있다. 그러면 주민들 행동과 경향을 분석해 새로운 지역사업을 계획할 수도 있고, 실시간 주민들의 반응에 따라 사업을 개선하면서 지역사업에 대한 주민들의 만족도를 높일 수 있다. 또 에너지와 음식, 돌봄 등이 어떻게 만들어지고 사용되는지 밝히고 필요한 사람들에게 도달하지 못한 채 버려지는 과정을 추적해서, 지역에서 생산하고 사용되는 자원의 새활용과 재활용을 가능하게 하는 폐쇄회로 시스템(Closed-loop system)을 계획할 수 있다. 국가 데이터 관리와 별도로 지역별로 데이터를 축적하고 관리하면 어떤 일이 벌어질까? 서울시는 '서울열린데이터광장'이라는 이름으로 지역 데이터를 시민들에게 공개하면서 주민들이 지역과 관련된 정책을 살피고 공모사업이나 주민모임 등 여러 가지 활동을 계획할 때 중요한 지표로 사용할 수 있게 했다. 이 자료로 지역 상공인들이나 지역에서 창업을 계획하는 사람들은 창업할 업종과 주민들이 원하는 제품개발 아이디어를 얻을 수도 있다.

장기간 축적된 데이터로는 주민들의 생활을 파악할 수 있어서 이를 활용하면 연구기관과 지방정부가 지역정책을 수립할 때 생활조건이 저마다 다른 주민들을 위한 포괄적이고 다층적인 생활정책을 세울 수 있다.

3. 서로 도움을 주고받는 플랫폼으로 주민들의 생활을 연결한다.

개성은 이제 개인이 해결해야 할 욕구에서 끝나는 게 아니라 지역사업의 출발점으로 지역사업을 준비할 때 가장 중요하게 고려해야 할 요소다. 개인의 욕구가 공동체에 가려졌던 이전과 다르게 이제는 개인의 욕구가 공동체를 만들어내게 되었다. 새로운 사회는 개인의 욕구가 공동체라는 그물망으로 연결되는 개인적인 네트워크 사회다.

오프라인으로 지역사업을 할 때는 자원(관리능력과 지원 등)의 제한으로 모두가 좋아하는 사업(지금과 같은 다양성 사회에서는 모두가 좋아하는 사업은 있기 어렵다.)을 선정해야만 했다. 하지만 온라인에서는 사업 수를 제한하지 않아도 된다. 지역에서 진행되는 사업과 자발적으로 운영되는 주민들의 활동을 낱개의 모듈 방식으로 정리하고 사업과 활동에 관심 있는 주민들의 성향에 따라 분류해서 플랫폼에 올리면 주민들이 원하는 대로 지역사업과 활동을 선택하고 참여할 수 있다. 또 몇 개의 모듈을 융합해서 지금까지 없었던 창조적인 지역사업을 개발할 수도 있고 상황에 따라 지역사업의 크기와 범위를 조절할 수 있다. 디지털 기술은 이렇게 자발적으로 필요와 제공(수요와 공급)을 연결하는 플랫폼 기술을 활용해서 주민들이 직접 서로의 욕구를 해결하게 한다. 요즘 인기인 지역주민들의 중고 거래를 연결하는 당근마켓과 같은 플랫폼 모델을 지역의 온라인 공유지로 개발한다면 유형과 무형의 수요와 공급이 선물과 증여로 연결되면서 지역의 관계는 더 확장되고 깊어질 수 있다.

4. 주민들의 반응을 바로 확인해 지역사업에 반영할 수 있다.

누구도 지역사업의 결과를 예측하기는 어렵다. 사람들은 변덕스럽고 생각이 복잡하고 경험하는 상황에 따라 태도가 달라질 수 있기 때문이다. 디지털 기술을 이용하는 혁신 모델을 활용하면 지역사업의 전 과정에서 주민들의 반응을 실시간으로 확인하고 사업을 개선하여 효과적으로 원하는 성과를 이룰 수 있다. 디지털 기술을 사용하기 전까지는 주민 개개인의 반응을 실시간으로 알아내기가 쉽지 않아서 사업 전, 사업 중, 사업 후에 표본집단을 대상으로 조사했다. 하지만 디지털 기술을 이용하면 사업 시작과 동시에 개인이 가지고 있는 휴대전화 등의 디지털 기술로 주민들의 반응과 태도를 실시간으로 확인할

디지털 기술의 특징	지역과 연관된 특징	지역 용례
무제한성	활동에 제한이 없음	언제 어디서나 맞춤 참여
편리성	사업 관리가 편리	정보공개와 지역자원 흐름
다양성	다양한 주민의 욕구를 충족	욕구에 기반한 다양한 활동
연결성	주민들 사이의 필요를 연결	흥미와 필요를 연결
탄력성	탄력적으로 사업을 조정	주민의 반응을 지금 적용

지역과 연관된 디지털 기술의 특징

수 있다. NFC(Near Field Communication), RFID(Radio Frequency Identification) 등의 디지털 기술이 주민들의 행동과 의견을 수집하고 분석하는 작업에 사용되고 있다. 이렇게 주민들의 반응에 바르게 대응한다면 지속적으로 주민들의 관심과 참여를 높일 수 있고 사업 진행 과정에 발생할 수 있는 오류를 줄여 효과적으로 목표한 성과를 거둘 수 있다.

휴먼 터치(Human Touch)의 아날로그 문화가 관행인 지역에서 디지털 기술은 낯설고 사용하기가 쉽지 않다. 하지만 디지털 기술이 가진 무제한성, 편리성, 다양성, 연결성, 탄력성을 지역활성화 도구로 잘 사용한다면 디지털 기술은 지역을 제한 없이 촘촘히 연결하면서 지역사업을 촉진할 수 있다. 지역(Region)과 디지털(Digital)이 융합되는 리지털(Regital)의 시대가 열리고 있다.

2부

지역의 발명

지역에서, 사람들과 함께, 곧바로
해볼 수 있는 것들

1
지역의 발명에 필요한 사람들

영향자와 촉진자는 지역의 주민이 맡아야 할 역할이다.
영향자는 지역주민 사이에서 신뢰(지지)를 받는 사람으로,
여론을 주도할 수 있는 사람들이다.

도시재생을 위해 유럽, 일본 등의 해외 선진 모델 견학과 국내외 전문가의 지역 초청 강연과 컨설팅이 줄을 잇고 있다. 하지만 영국 셰필드, 스페인 바르셀로나, 이탈리아 볼로냐, 캐나다 퀘벡 등의 유명한 해외 사례와 같은 경우나 국내외 전문가들이 이론적으로만 구상하던 지역은 만들어지지 못하고 있다. 또 다양한 중간지원센터가 진행하는 교육과 워크숍에는 몇몇 사람들만이 참여하고 많은 주민들은 지역에서 진행되는 일에 정보도 없고 관심도 없다.

좋은 프로그램과 시스템만 가지고 할 수 없는 일이 지역사업이다. 처음부터 끝까지 주민들의 자율과 권한이 따르지 않는, 행정과 전문가들에 의해서 주도되는 지역사업은 좋은 프로그

램과 시스템이 뒷받침된다 해도 행정과 전문가들이 하는 사업이 될 가능성이 높다. 이렇게 되지 않으려고 사전에 지역조사와 주민 워크숍 등을 진행하지만 안타깝게도 조사와 워크숍마저도 형식적으로 진행되어 결국은 전문가들의 경험과 판단으로 지역사업이 계획되는 경우가 많다.

좋은 프로그램보다 중요한 건 관계를 쌓아가는 일

오랫동안 도시재생이나 마을사업 등을 해오면서, 결국 지역사업은 주민들 사이에서 발명되고 실행되는 과정을 거치면서 호혜 관계를 쌓는 일이라는 것을 다시금 깨닫고 있다. 기본으로 되돌아가는 일이자, 지역사업에 있어서는 가장 급진적인 방법이기도 하다. 이것 말고는 다른 방법이 없다.

지역마다 자연과 사회 환경이 다르고 그곳에서 살아온 사람들의 문화가 다르다. 이것이 한 지역을 다른 지역과 경계 짓는 정체성이다. 이 안에서 호혜적 주민 관계를 만들고 그러한 관계가 사업이 되도록 하는 일이 지역사업이다. 이러한 지역사업의 목적을 분명하게 하지 않으면 아무리 능력 있는 전문가와 좋은 아이디어가 있어도 지역활성화에 도움이 되지 않는다. 오히려 지역활성화를 어렵게 하는 장애물이 될 뿐이다.

기존 방식을 넘어서는 새로운 역할

앞서 말한 것처럼 지역에서 호혜 관계를 만들고 호혜 관계가 지역사업이 되도록 하기 위해서는 전문가보다 안내자, 지도자보다 영향자, 간섭자보다 촉진자가 중요하다.

지역의 발명에 필요한 안내자는 전문가와 같은 외부 활동가들을 말한다. 하지만 가르치거나 지도하는 코치가 아니다. 안내자가 하는 역할은 자신의 지식과 경험으로 지역사업을 계획하고 관리하는 것이 아니라 주민들 스스로 지역에서 자신들의 생활에 필요한 욕구와 욕망을 발견하고, 이것을 해결할 수 있는 아이디어를 찾아 실행할 수 있도록 지원하는 것이다. 안내자는 영감이나 아이디어가 필요할 때는 관행적인 사고에서 벗어날수 있게 청각, 미각, 촉각, 후각 등의 감각적인 자극을 준다. 또 때로는 전혀 지역과 관계없는 것들, 예를 들어 서울 종로에 논과 과수원 등을 강제 연결하는 극단적 결합 등의 워크숍을 진행한다.

그리고 주민들이 기획한 아이디어가 실행가능해지도록 꼼꼼히 준비할 수 있게 지원한다. 실행단계에서 생각하지 못한 문제나 실패라고 생각되는 일이 생기면 계획을 탄력적으로 조정하고 실패가 더 나은 과정이 되게 해야 한다. 주민 사이에 갈등이 생기면 지켜보면서 서로가 상대방을 인정할 수 있게 기다려

주기도 한다. 최근 주목받는 리더십으로 설명하자면, 주민들을 지역활성화라는 목적지까지 편안하게 도착할 수 있도록 돕는 집사와 같은 '스튜어드십(stewardship)'이라고 할 수 있다. 단, 안내자에게도 지켜야 할 원칙은 있다. 지역사업이 주민 관계 형성에 도움이 되어야 하고 지역생태계를 지속가능하게(유엔지속가능발전목표(UN SDGs) 17개 항목 참조) 할 수 있어야 한다.

영향자와 촉진자는 지역의 주민이 맡아야 할 역할이다. 영향자는 지역주민 사이에서 신뢰(지지)를 받는 사람으로, 여론을 주도할 수 있는 사람들이다. 영향자의 제안에 따라 주민들은 지역활성화 사업에 관심을 보이고 긍정적으로 참여를 고민하면서 지역사업 초기 참여자가 된다. 영향자는 지역의 이장, 통장일 수도 있고 지역공동체에서 일정한 역할을 맡고 있거나 오랫동안 지역 일을 해온 사람일 수도 있다. 영향자는 주민들보다 먼저 지역활성화 사업의 필요성에 공감하고 스스로 참여자로 활동해야 한다. 이제까지는 영향자를 리더와 대표자로 불러왔다. 하지만 권위적인 리더와 대표자는 이제 지역에서 영향자의 역할을 할 수 없다. 권위적인 리더는 자발성이 중요한 주민들의 상향식 사업을 이끌 수 없다.

촉진자는 지역사업을 지역에 알리고 주민들의 참여를 권유하면서 지역사업이 진행되는 동안 계속해서 지역사업에 활력을 불어넣는 사람들이다. 영향자와 마찬가지로 다른 주민들보다 먼저 지역사업에 적극적으로 참여하고 사업이 진행되는 동안은 지친 주민들을 응원하고 분위기를 즐겁게 만드는 역할을 한다. 또 주민들 입장에서 지역사업을 모니터링하고 여론을 조성한다.

영향자와 촉진자는 지역사업을 준비하는 단계부터 안내자와 함께하면서 지역사업에 대해 충분히 교감해야 한다. 안내자는 이들에게 '지역사업이 왜 필요한지' '어떻게 지역을 변화시킬 수 있을지' 등을 제안하고 '지역의 특징은 무엇인지' '현재 지역사업에 장애가 되는 것은 무엇인지' 등을 듣고 지역사업 과정을 계획해야 한다.

지역사업이 성공을 거두기 위해서 전문가는 안내자를, 대표

	안내자	영향자	촉진자
위치	외부	내부	내부
이전 역할	전문가	대표자	마을 활동가
	사업 총괄	전달자	참여자
새로운 역할	지원과 촉진	참여와 권유 사업에 대한 신뢰	참여와 응원 사업에 활기

지역의 발명에 필요한 새로운 사람들

자와 활동가는 영향자와 촉진자라는 새로운 역할을 맡아야 한다. 다시 정리하면 정형화된 성공 모델보다는 주민들의 상호작용을, 잘 계획된 프로그램보다는 주민들 사이의 관계 변화를 중요하게 생각하고, 주민들 사이의 협력을 만들어갈 수 있는 사람들이 필요하다.

2
지역을 발견하는 관찰

지역을 다니면서는 '세상에는 당연한 게 없다.'는 생각으로
익숙한 것들을 자세히 들여다보면서 자신만의 느낌을 찾아야 한다.
모든 것에 호기심을 적극적으로 작동시켜 항상 "왜?"라는 질문을 한다.

최근 지역조사나 마케팅 조사에서 관찰조사가 중요하게 사용되고 있다. 지역주민들의 보편적인 욕구를 알아보는 설문조사나 인터뷰와 달리 관찰조사는 지역의 특이성을 발견할 수 있는 조사방법이다.

거리 관찰로 생활 감각 익히기

"먼저 자기 주변을 걷는 것부터 시작한다. 매일 다녀 익숙한 길도 있는가 하면 가끔 쇼핑하거나 친구 집에 놀러 가기 위해 걷는 길, 영화나 전시회, 또는 새로 생긴 공원을 보러 가는 길 등 다양한 길이 있다. 그런 길을 아무 생각 없이 걷지 말고, 걸으

며 눈에 띄는 것, 관심이 가는 것을 주시해보자. 또는 자신이 무엇에 흥미를 느끼는지, 무엇에 눈길을 돌리는지도 확인해보자. 걷다가 마음에 드는 장소나 건물을 발견하면 멈춰 서서 관찰하고, 사진을 찍고, 건물 안으로 들어가 둘러보고, 거리의 가게 사람들에게 궁금한 이야기를 물어보기도 하고, 메모도 하고, 참고자료를 확인해보자. 거리로 나가 마음에 드는 것, 신경을 자극하는 것을 찾아보자. 목욕탕이 있으면 들어가 보자. 목욕탕은 거리와 동네의 광장 같은 곳으로, 다양한 사람들이 드나들면서 하루의 피로를 풀고 세상 돌아가는 얘기를 나눌 수 있는 곳이다. 그곳에서 사람들의 얘기에 귀 기울여보자. 거리 관찰에는 이런 생활 감각이 필요하다.

그러나 본다고 해서 바로 어디에 활용할 수 있는 것은 아니다. 무엇보다도 마음에 드는 것, 신경을 자극하는 것에 몰두하는 자세를 갖는 것이 중요하다. 어딘가 마음에 걸린다는 것은, 보고 있는 사람의 마음이 그것에 반영되었다는 것을 의미한다. 무언가를 발견할 수 있고, 또는 생각지도 않은 깨달음을 얻을 수도 있다. 그러니 당장 깨달음이 없더라도 계속 보자.

줄자를 가지고 다니면서 거리의 길이를 재어보는 방법도 있다. 혼잡한 길과 광장이 있다면, 먼저 그 길과 광장의 크기를 재어보자. 이와 마찬가지로 아름답다고 느낀 것, 기분 좋다고 느낀 것, 위험하다고 느낀 것, 편안하다고 느낀 것, 오르기 쉽다고 느낀 계단, 넘어지기 쉬운 계단, 눈에 띄는 표지 등 모든 것의 크기를 재어볼 수 있다.

무엇이든 촬영한다. 촬영을 할까 말까 망설여질 때는 일단 찍어놓고 본다. 그때그때 마음을 움직이는 내용이 있으면 메모를 한다. 노트에 기록을 하다 보면 보는 것만으로는 이해되지 않았던 부분까지 깊이 이해할 수 있게 된다. 거리에는 다양한 소리도 있다. 공장의 기계 소리, 시장에서 물건을 사고파는 소리, 어린 아이들 노는 소리 등. 이처럼 살아있는 소리에서 배워야 한다. 이렇게 관찰한 자료들과 대화를 나누어보자. 그러면 자신에게 거리가 무엇이었는지, 자신이 거리에서 어떤 것에 관심을 가졌는지, 거리에서 무엇을 배웠는지가 분명해진다. 본다는 것은 매우 창조적인 행위이다. 그러니 거리로 나가 관찰해보자."

앞의 글은 《디자인을 공부하는 사람들을 위하여》(디자인하우스, 2003) 중에서 〈거리로 나가 디자인을 배우다〉를 쓴 오오타케 마코토 교수가 디자인을 배우는 학생들에게 안내하는 관찰의 방법을 간추린 내용이다. 이 글처럼 관찰한다는 것은 생활 감각을 익히는 일이고 지역에 사는 사람들을 위해 불편한 일과 필요한 일을 발견하는 일이다.

이렇게 주민들이 생활하는 지역공동체를 방문해서 지역을 경험하며 감각적으로 느끼고 발견하는 관찰조사는 다른 지역의 문화를 연구할 때 해당 공동체에 들어가 현장에서 문화를 관찰하며 연구하는 민속지학(Ethnography)이라는, 인류학에서 사용하는 문화비교조사의 한 방법에서 비롯되었다.

관찰조사가 중요한 이유

설문이나 인터뷰와 같은 일반적인 조사방법은 아니지만 지역조사나 마케팅 조사에서 최근 들어 관찰조사를 중요하게 사용하는 데는 두 가지 이유가 있다. 첫째는 일반성을 기준으로 하는 조사의 한계이다. 지금까지 과학적이라고 부르는 조사방법은 대중의 공통된 문제와 필요를 파악하는 것에 익숙해서 특이성을 중요하게 생각하지 않는다. 하지만 다양한 개성과 특별한 것을 매력으로 느끼는 새로운 사회적 경향으로 특이성은 아이디어의 중요한 자원이 되고 있다. 지역 관찰조사는 일반적인 내용보다는 지역만의 특이성을 찾아내는 방법이다.

둘째는 조사할 때 사람들이 자기 생각을 솔직하게 이야기하지 않는 '사회적 증거'라는 심리 습관 때문이다. 사람들은 다른 사람들의 눈에 띄지 않기 위해 사회적으로 인정되고 있는 내용을 자신의 의견인 양 말한다. 또 '지역에 필요한 것이 무엇인지', '지역이 가진 문제의 원인이 무엇인지'에 대해 지금 생활에 너무 익숙해서 잘 인식하지 못한다.

어느 지역 할 것 없이 지역 설문조사와 인터뷰에서 공통되게 직접 지원금과 시설개선을 요구하는 것은 이러한 이유 때문이다. 반면에 관찰조사는 지역에서 일상적으로 생활하는 사람들을 보면서 특별한 기회를 발견하고 평범한 것 같은 지역에서 다른 지역과는 다른 특이성을 찾아내는 작업이다.

관찰조사자 입장에서도 낯선 지역에서의 긴장감과 불확실성은 감정과 감각을 증폭시켜 모든 것이 특별해지고 새롭게 읽혀진다. 지역을 발명할 수 있는 영감이 계속해서 일어난다. 우리에게는 인지하지 못하는 찰나의 순간에 무의식적으로 몸 감각이 주변에 반응하고 새로운 자극이 이상적인 아이디어를 창조하는 능력이 있기 때문이다. 뇌 연구에 의하면 사람들은 흥미로운 공간들을 마주하면 새로운 체험을 담을 신경세포를 수천 개씩 만들어낸다고 한다.

관찰조사 방법

지역 관찰을 위해서는 관찰조사팀을 구성해야 하는데 관찰조사팀은 보통은 외부인으로 구성한다. 때에 따라서 내부 주민들로 구성된 팀이 관찰조사를 할 수도 있는데, 주민들이 관찰조사를 하는 경우에는 의도적으로 놀이터, 쓰레기, 1인 가구, 플라스틱, 산책 등 특정 지역문제에 집중해서 관찰을 할 수 있게 하는 것이 좋다. 주민들은 지역 생활환경과 생활여정에 익숙해서 특이점을 찾아내기가 쉽지 않아 일부러 관찰주제를 제한해 집중하게 하는 것이다.

관찰조사팀이 구성되면 먼저 워크숍을 연다. 워크숍에서는 지역의 범위와 기초자료 등을 설명하고 관찰방법을 안내한다. 지역 기초자료는 지역의 인구, 산업, 미래전략, 문화 등의 행정자료와 지역조사 자료, 국내외 관찰조사 성공사례를 참고해서 준비한다. 인구는 지역에 사는 분들의 연령별 구성과 가구 구성(1인 가구, 2인 가구 등)에 주목한다. 산업은 지역 대표산업과 전통산업, 자영업 업종분포 등을 정리해 설명한다. 미래전략을 조사하는 이유는 지역이 중장기적으로 어떤 발전 계획이 있는지 검토해 조사에 참고할 수 있기 때문이다. 문화는 인문적 특성과 문화예술자원, 지역축제, 역사 등의 관련 자료를 조사한다.

관찰조사 방법은 크게 관찰과정과 관찰자 태도로 구성된다.

관찰과정

관찰과정은(다음 그림 참조) 관찰목적, 관찰대상, 조편성, 조별 지역선정, 관찰 동선, 관찰보고서 작성 요령으로 안내한다. 관찰목적은 '관찰조사를 왜 하는지?' '무엇을 알고 싶고, 해결하고 싶은지' 등 관찰조사를 하는 이유가 된다.

관찰대상은 목적에 따라 주민생활 관찰과 지역환경 관찰로

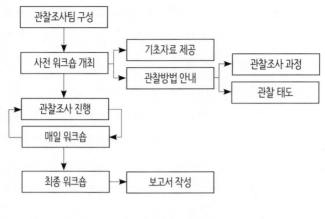

관찰조사 과정

나눌 수 있다. 주민생활 관찰은 주민들의 일상을 특정한 한 장소에 머무르면서 관찰하거나 생활 여정을 따라가며 관찰하는 것이고, 지역환경 관찰은 자연환경과 사회환경을 관찰하는 것이다. 관찰조사를 위한 조 편성은 한 조당 2~3인 정도로 구성하고 조 편성이 끝나면 관찰할 지역을 구분해서 조별로 나누어 맡는다. 이때 한 조가 한 지역을 맡아 담당할 수도 있고, 조별로 구역을 순회하며 관찰조사할 수도 있다. 지역 담당 관찰조사는 주민생활을 깊이 있게 관찰조사할 수 있어서 주민생활 관찰에 적당하다. 조별 순회 관찰조사는 여러 조의 시선으로 지역을 다양하게 관찰할 수 있다는 장점이 있다.

관찰조사 지역이 정해지면 본격적으로 관찰을 시작한다. 관찰시간은 최소 4시간부터 며칠을 기간으로 할 수 있는데 프로젝트 규모에 따라 정해진다. 관찰할 때는 우선 자신들이 관심가는 것을 계속해서 촬영·메모하고, 사람들이 모이는 장소를 방문해서 인터뷰를 진행하거나 관찰 도중에 만난 주민들의 이야기를 듣는다. 관찰을 마치고는 조사한 자료를 항목별로 정리하고, 관찰조사 내용 중에서 3~5개 정도 매력적인 관찰내용을 조원들이 협의해 선정한다.

이렇게 정리된 내용을 가지고 관찰조사 기간에 매일 조별 발표와 회의를 한다. 발표는 '브레인 트러스트(Brain Trust)' 워크숍을 활용하는데, 관찰조사에 참여한 전원이 발표 내용에 대해 자유롭게 의견을 제시할 수 있다.

'브레인 트러스트'는 애니메이션 영화사 픽사에서 사용하는 창의력을 이끌어내는 회의방법으로, 모두에게 발언권은 있지만 감정적인 비난과 아이디어를 죽이는 "안 돼", "틀렸어" 등의 비판은 제한되는 방법이다. 대신에 아이디어를 개선, 발전시킬 수 있는 의견을 더해주는 플러싱 룰(Plussing Rule)이 있어서 "그리고", "그래서", "그렇군요."를 사용해 아이디어의 실현을 성공으로 이끌기 위한 의견을 덧붙일 수 있다.

각 조는 발표와 회의에서 나온 의견을 듣고 자신들이 발견한 지역 관찰조사 결과를 다시 정리한다. 이렇게 관찰조사가 최종적으로 끝나면 지역문제를 해결할 수 있는 아이디어와 지역을 매력적으로 발명할 수 있는 아이디어를 정리해서 보고서를 작성한다.

관찰자 태도

관찰과정보다 더 중요한 게 관찰자 태도다. 일과 상관없는 것 같지만 만나는 주민들에게 인사를 잘하는 게 가장 중요하다. 인사는 지역에서 상대방이 내게 호의를 갖게 하는 '호감의 법칙'에 따르는 방법이다. 그리고 지역을 다닐 때는 '세상에는 당연한 게 없다'는 생각으로 익숙한 것들을 자세히 들여다보면서 자신만의 느낌을 찾아야 한다. 모든 것에 호기심을 적극적으로 작동시켜 항상 "왜?"라는 질문을 한다. 특이한 행동과 환경을 지나치지 말고 오히려 흥미를 갖고 다가가보고, 골목길에서 미로를 떠올리듯 한 가지 사물에서 다른 사물을 연상시켜보기도 한다.

관찰하는 동안에 내 앞에 있는 것들을 만지고, 듣고, 냄새 맡고, 맛보아야 한다. 관찰하는 동안 만나는 주민들에게 자신이 지금 무엇을 하고 있는지 소개하고 관찰 도중에 생긴 궁금한 점이나 지역과 관련된 내용을 물어볼 수도 있다. 이러한 관찰 과정이 지역에서 기회를 발견하는 동시에 아이디어가 발명되는 순간이 된다.

관찰조사 사례

쇼도시마 지역의 '커뮤니티 아트'

일본 가가와현 북쪽의 쇼도시마는 간장으로 유명했던 섬 지역이다. 간장산업의 쇠퇴와 함께 지역이 쇠락하면서 지역을 활성화할 수 있는 방안을 찾기 위해 커뮤니티 디자인 프로젝트를 시작했다. 섬을 관찰하기 위해 마을 구석구석을 다니던 프로젝트 팀의 눈에 띈 것 중 하나가 간장 공장이 어려워지면서 쓸모없어진, 도시락용 간장을 담는 작은 플라스틱 통이었다. 이 관찰은 주민들과의 식사 자리로 이어지는데, 식사 중에 특이하게도 주민들이 간장을 먹기 전 간장병을 형광등에 비춰보면서 맛있게 숙성된 간장을 찾아내는 모습을 포착하는 데까지 이른다. 이 두 가지 발견이 전등 빛과 플라스틱 간장통을 소재로 한 예술작품을 기획하는 계기가 되었다.

간장 예술작품을 만드는 과정에 아이부터 노인까지 마을 사람들 모두가 모여 간장통에 간장을 넣으면서 주민 사이의 관계와 자부심을 복원할 수 있었다. 이후에 마을 사람들은 '간장회'를 구성하고 오래된 간장조합 건물을 리모델링해 간장 관련 전시장과 마을 커뮤니티 시설로 사용하면서 주민 스스로 다양한 마을사업을 기획하고 실천하고 있다.

간장 아트로 만들어낸
쇼도시마 커뮤니티 디
자인 프로젝트

무인양품의 '사례사진 모집제도'

무인양품은 '현장 속에 들어가 관찰한다'를 모토로 상품을
개발하기 전에 생활관찰을 한다. 이 생활관찰 중에 '사례사진
모집제도'라는 것이 있다.

'사례사진 모집제도'는 무인양품 가맹점주들의 도움을 받아
집이나 사무실 등에서 사용 중인 제품 사진을 모아 새로운 제
품을 개발하는 것이다. 예를 들면 집이나 사무실에서 사용하는
멀티탭 사진을 모집한 뒤 이렇게 모은 약 100여 건의 사진을
토대로 멀티탭 사용상의 문제와 새로운 욕구를 발견해 스마트
한 멀티탭을 개발한다. 또 욕실 선반에 놓여있는 젖은 칫솔을
간편하고 위생적으로 관리할 수 있도록 구멍이 뚫려있는 동그
란 반지 모양의 칫솔꽂이 제품을 만들기도 했다.

무인양품 사례를 지역을 관찰하는 방법과 접목시켜보는 것도 좋은 방법이다. 플라스틱 제품 사용처, 아이들에게 위험한 장소, 마을 게릴라 가드닝 장소, 태양광 에너지 패널 설치장소 등 특정 주제를 정하고 주민들이 이와 관련된 사진을 찍어서 벽에 붙여놓고 아이디어를 개발할 수 있다.

이제 사진기, 수첩, 스케치북, 사인펜, 볼펜, 줄자, 물통 등을 준비해서 거리로 나가보자.

3
서클과정 주민학교

'서클과정 주민학교'는 원칙이 있다.
즐거워야 한다는 것, 공개적이라는 것, 전체의 관점이 아니라
자신의 관점에서 시작한다는 것, 주민 사이의 관계를 형성한다는 것이다.

지역이 활성화되려면 주민들 스스로가 욕구와 욕망을 드러내고 해결방법을 찾아 실천해야 한다. 여기서 전문가의 역할은 지역주민들이 자율적이고 자주적으로 활동할 수 있게 지원하고 안내하는 안내자의 역할이다.

일본에서는 지역활성화 프로젝트에 약 5년의 시간이 필요하다고 이야기한다. 3년은 조사와 워크숍을 통해 주민들이 자신의 욕구와 의견을 마을활동과 연결시켜서 프로토타입(시범사업)을 준비하여 시작할 때까지의 시간으로, 처음 1년은 주민과 활동가들이 서로를 탐색하고 공감대를 형성하는 데 보낸다. 나머지 2년 동안은 지역활성화 시범사업을 개선하고 확충하면서 주민 자립 역량을 키워간다. 이렇게 5년이 지나면 주민들의 활

동을 안내했던 활동가들은 철수하기도 하고 지역주민이 되어 지역활동을 이어가기도 한다.

준비에서 실행까지 단계별로 나누어 계획적으로 진행하는 일본과는 다르게 우리나라는 준비와 실행을 병행하는 한편, 기회가 생기면 갑자기 빠른 속도로 일을 추진하는 문화가 있어서 5년보다는 기간을 1~2년 단축할 수 있다.

첫 단추는 워크숍과 주민학교

지역활성화를 위해 활동가들이 처음 주민들과 함께하는 일은 워크숍과 주민학교다. 지금까지의 워크숍은 20 대 80 법칙이라 불리는 '파레토 법칙'처럼 20%의 의견으로 주도되는 경우가 많았다. 여기서 20%는 기존의 지역 여론 주도층이다. 또 주민학교는 지역사업의 의례적인 과정이거나 특정 사업을 목적으로 준비되기도 한다. 두 가지 모두 지역 상황에 대한 주민들의 생각과 지역활동에 대한 주민들의 태도를 고려하지 않은 행정과 외부 전문가 입장에서 짜 맞춰진 워크숍과 주민학교다. 관심을 보이고 흥미를 가지고 참여하는, 나아가 자신의 생각을 드러내고 지역활성화 주체로서 주민들의 역할을 경험하는 제대로 된 워크숍과 주민학교라고 하기 어렵다. 주민 입장에서 지역활성화를 위한 교육과 워크숍에 주민들은 어떻게 반응하고 행동하는지가 고려되지 않았다. 관심에서 행동까지 사람들의 심리와 행동의 연관성을 밝힌 롤랜드 홀의 'AIDMA 심리행동모델(관심(Attention) - 흥미(Interest) - 욕구(Desire) - 기억(Memory) - 행동(Action))'은 워크숍과 주민학교뿐 아니라 주민활동 기획에 좋은 참고 모델이 될 수 있다.

사회적 보편성을 지닌 시민이면서 지역적 개별성을 가진 주민에게 맞는 우리만의 새로운 주민학교가 필요하다. 선진사례라고 할 유럽이나 북미와 다르게 우리의 경우는 주민들이 개인보다는 공동체의 결정에 따라가는 주민의 역할에 아직 익숙하기 때문이다. 공동체를 생각하기에 앞서 자신의 의견을 말하고, 그 의견이 지역에서 공동의 일이 되었던 경험이 없다. 더구나 어렵게 제안한 주민들의 의견이 왜곡되거나 제안에서 사라지는 경우도 있다. 지역활성화를 위한 사업이 오히려 주민들의 지역활동에 기회가 되지 못하고 장애물이 되기도 한다. 그래서 학습과 워크숍 과정에서 주민들 서로가 영향을 주고받으며 활동을 기획하고 내용을 채워가는 주민학교가 필요하다. 바로 내적으로 순환하고 외적으로 지역 발명 아이디어가 생성되는 '서클과정 주민학교'다.

지역활성화는 주민들 스스로가 필요와 욕구를 드러내고 해결방법을 찾아 실천해야 한다. 배우고 가르치는 과정이 모두 주민 사이에서 일어나는 '서클과정 주민학교'를 통해 개인과

지역활성화는 주민들 스스로가 필요와 욕구를 드러내고 해결방법을 찾아 실천해야 한다. 배우고 가르치는 과정이 모두 주민 사이에서 일어나는 '서클과정의 주민학교'를 통해 개인과 개인, 개인과 마을을 서로 연결시켜보자.

개인, 개인과 마을을 서로 연결시켜보자.

나와 마을을 알아가고 서로 연결하는
'서클과정 주민학교'

'서클과정 주민학교'는 우리가 일반적으로 알고 있는 학교교육과 다르게 배우고 가르치는 과정이 모두 주민 사이에서 일어난다. 학교는 주민 안에 있는 잠재된 활동을 찾아낼 수 있게 하고 찾아낸 활동을 계획하고 일로 만들 수 있는 환경을 제공한다.

서클과정 주민학교는 '드러내기', '찾아보기', '기획하기', '실행하기'라는 4개의 과정으로 구성된다. '드러내기'는 자신 안에 있는 욕구와 마을에 대한 개인의 생각과 아이디어를 꺼내놓는 과정이다. 자신을 들여다보고 좋았던 경험이나 싫었던 경험, 좋아하는 일, 싫어하는 일, 하고 싶은 일 등 개인의 과거와 현재, 미래의 어떤 것도 괜찮다. 개인으로 시작해서 마을로 연결되는 게 좋다. 마을에서 먼저 시작할 경우에 자신이 하고 싶은 일보다 공동체 구성원으로서의 역할이 강조되기 때문이다.

'찾아보기'는 자신이 관심 있는 일이나 하고 싶은 일을 마을로 연결하기 위해서 마을의 문제와 필요를 찾아보는 과정이다. 여기서 중요한 것은 개인의 관점으로 마을 일을 발명하는 것이다. 그러면서 자연스럽게 '이렇게 하면 어떨까?' 하는 아이디어가 나오게 된다.

'기획하기'는 찾은 아이디어를 최소한의 일(프로토타입)로 기획하는 과정인데, 정해진 양식을 사용해서 정리하기보다는 이야기로 정리하는 게 좋다. 처음부터 특정 양식에 맞춰 정리하면 아이디어의 구체성과 매력을 살려내기 어렵다. 주민들에게 제안서 양식은 사업기획을 할 때 장애가 되는 경우가 많다. 아이디어를 이야기로 설명할 수 있다면 할 일과 할 수 있는 방법을 이미 알고 있는 것과 같다. 이야기를 필요한 사업양식에 맞춰서 정리하기만 하면 된다. '기획하기'부터 본격적으로 주민들 각자가 제안한 흥미 있는 아이디어를 비교하면서 마음에 드는 아이디어에 모여서(비슷한 아이디어를 모으거나, 자기 아이디어 대신에 다른 아이디어를 선택하여) 그룹으로 마을을 위한 아이디어 실행을 준비한다.

'실행하기'는 완벽하지는 않더라도 프로토타입으로 사업을 시작해보는 과정이다. 일이 시작되면 처음 기획한 내용에서 살려야 할 핵심 내용과 고치거나 수정해야 할 개선점을 발견할 수 있다. 이런 피드백을 바탕으로 다시 본격적인 사업을 준비하면 된다.

'서클과정 주민학교' 네 개의 과정 중 '드러내기'와 '찾아보기'를 앞 단계로, '기획하기'와 '실행하기'를 뒤 단계로 나눌 수 있다. 앞 단계에서는 텍스트보다는 문화와 예술을 활용하는 방식으로 진행하는 게 좋다. 이성적인 활동보다는 감성적인 활동이 익숙한 생각과 행동에서 벗어날 수 있게 하고, 흥미를 갖고 편안하게 자신을 표현할 수 있게 해주기 때문이다. 뒤 단계는 반대로 논리적인 체계에 맞춰 꼼꼼히 준비해야 한다.

네 개의 과정 모두 질문이 중요하다. '서클과정 주민학교' 운영자와 강사는 질문을 하는 사람들이다. 아이디어와 실행방법은 모두 주민들이 찾아서 채워야 한다. 그리고 학교를 준비할 때와 마찬가지로 진행과정에서 모니터링이 필요하다. 학습과정마다 주민들의 반응을 관찰하면서 전체 과정을 주민들의 태도(반응)에 맞게 다시 조정해야 한다. 강의내용이 너무 어려우면 쉽게 바꾸기도 하고 학습 성과가 좋으면 핵심 내용을 조금 더 강조하거나 뒤 단계의 '기획하기'와 '실행하기' 시간을 늘릴 수도 있다.

이 네 개의 과정을 전체 과정으로 진행할 수도 있고 각각의 과정으로 나누어 모듈 식으로 진행할 수도 있다. 또 '실행하기' 가 끝나면 본격적인 사업을 위해 '심화과정'이 이어질 수도 있다.

"신나게 배우고 마을에서 쓰자!"
미호동 넷제로주민디자인학교

대전시 대덕구 미호동에서 진행한 넷제로주민디자인학교는 서클과정 주민학교의 하나의 사례가 될 수 있다. "신나게 배우고 마을에서 쓰자!"를 교훈으로 하는 넷제로주민디자인학교는 앞 단계 '드러내기'와 '찾아보기' 과정으로 연기, 사진, 레고, 음식, 글, 미술, 노래, 넷제로 이론 순서로 총 10강의 워크숍을 진행했다.

몸을 사용하는 연기 시간에는 여성, 남성, 연령 등의 익숙한 관습적 위계를 깨트리고 나와 다른 주민들을 같은 눈높이에서 마주하게 했다. 사진 과정은 마을 곳곳을 나의 눈으로 관찰해서 내가 좋아하는 마을 이야기를 만드는 것으로 진행되었다. 글과 그림 과정에서는 현재의 자신과 과거와 미래의 나를 찾아서 표현하고 마을에서 함께 살아갈 이웃을 만나게 했다. 음식 과정에서는 마을에서 나는 채소를 사용하여 일상생활에서 넷제로를 체험하게 하고 마을에서 내가 할 수 있는 일을 찾게 했다. 노래는 모든 활동의 결과물로서 마을에 대한 애착을 가져다주었다.

마지막에 넷제로 교육을 넣은 이유는 주민학교를 정리하는 동시에 그동안 형성된 신뢰와 관계를 기반으로 익숙하지 않은 넷제로 교육에 대한 효과를 높이기 위해서였다. 총 10강은 순서가 있지만 각 강의는 서로 영향을 주며 앞 강의가 뒤 강의의 교재가 되기도 했다. 이 과정에서 주민들은 스스로를 돌아보고 자신이 생각하는 마을과 기후재난에 적응하는 에너지 전환마을의 넷제로 생활을 경험할 수 있었다.

미호동에서 진행한 '넷제로주민디자인학교' 활동 모습. (사진 제공 : 넷제로주민디자인학교)

'서클과정 주민학교'는 원칙이 있다. 즐거워야 한다는 것, 공개적이라는 것, 전체의 관점이 아니라 자신의 관점에서 시작한다는 것, 주민 사이의 관계를 형성한다는 것이다.

지금까지 마을활성화를 위한 이론과 문화예술 교육이 많이 있었다. 하지만 이론 교육은 주민들에게 흥미와 관심을 주지 못하고 오히려 피로도만 높였다. 문화예술 교육은 마을에서 서로 어울려 살아가는 관계를 만드는 목적지향적인 활동이 부족했다. 가장 중요하게는 둘 다 주민 중심이 아니었다.

'서클과정 주민학교'는 나와 마을을 알아가고 서로를 연결하는 과정이다. 익숙하게 생각하고 행동하던 마을을 새롭게 바라보게 하고 그 과정에서 발명된 일로 나와 마을의 내일을 함께 준비할 수 있게 한다.

4
커뮤니티 디자인

커뮤니티 디자인은 지역의 과제를 해결함으로써 개인과 집단의 생활을 개선하는
사회복지 실천 기술 중 하나인 '커뮤니티 워크'와 닮아있다. 복지에 디자인의 발상을
활용해서 주민들의 삶을 풍요롭게 할 수 있다고 생각하기 때문이다.

"커뮤니티 안에 있는 사람들과 함께 지금과 다른 무엇을 디자
인한다."
"아마추어(주민) 디자인을 하는 여러 사람이 모여서 무엇인가를
디자인하고 싶을 때, 프로 디자인을 하는 사람이 무엇인가를
할 수 있게 하는 것"

야마자키 료 대표가 커뮤니티 디자인을 설명할 때 하는 말이
다. 야마자키 료는 일본뿐 아니라 우리나라에서도 유명한, 지
역의 과제를 지역 주민들이 스스로 해결할 수 있게 돕는 일을
하는 커뮤니티 디자이너다. 커뮤니티 디자인은 '우리 사회가
직면한 과제를 해결하는 도구'로서, 마을만들기와 공동체가 중

요한 사회적 이슈로 떠오른 우리 사회에 많은 시사점을 주고 있다.

《커뮤니티 디자인》(안그라픽스, 2012), 《작은 마을 디자인하기》(디자인하우스, 2014)와 같은 책과, 사용하는 사람이 직접 만드는 '이즈미사노 구릉 녹지공원' 등의 사례로 잘 알려진 야마자키 료 대표는 스스로를 3세대 커뮤니티 디자이너라고 부른다. 직접 만나 설명을 듣고 자료를 보다 보면 정말 일본 커뮤니티 디자인은 1960년대의 엔도 야스히로 교수를 지나 3세대인 야마자키 료, 후배 세대인 4세대 정도까지 와 있는 것 같다.

3세대 커뮤니티 디자인의 핵심은 사람과 사람의 연결

그가 말하는 3세대 커뮤니티 디자인의 특징은 '사람과 사람의 연결'이다. 하지만 연결을 위해서 일하는 것은 아니고 하고 싶은 일로 연결될 수 있게 한다.

커뮤니티 디자인 1세대는 《이런 마을에서 살고 싶다》(황금가지, 1997)의 저자 엔도 야스히로 교수와 같이 산업화 과정에서 해체된 지역공동체를 회복하기 위해 활동한 초기 활동가들이다. 1세대 커뮤니티 디자인(지역재생)은 건축과 도시재생같이 주택지를 정비하고 물리적인 공간을 만드는 하드웨어 구축을 특징으로 한다.

2세대 커뮤니티 디자인(지역재생)부터는 공공성에 관심을 갖게 되면서 행정의 참여와 지원이 시작된다. 소셜 워크(Social Work), 커뮤니티 디벨로퍼(Community Developer), 커뮤니티 임파워먼트(Community Empowerment), 커뮤니티 오가니제이션(Community Organization)은 2세대에 해당하는 용어들로 분류할 수 있는데, 이들 이름에서 나타나듯 공공성과 복지 개념이 분명해지고 본격적으로 주민들의 참여를 계획하게 된다.

커뮤니티 디자인 3세대가 2세대와 다른 부분은 주민들이 관심을 갖고 쉽게 참여할 수 있도록 매력적인 디자인으로 문제를 해결한다는 점이다. 또 커뮤니티 디자인 3세대는 주민과의 관계를 회복하고 주민 스스로가 커뮤니티의 운영자로서 자립할 수 있게 하는 과정을 중요하게 생각한다. 그래서 처음부터 끝까지 주민들이 관심을 가질 수 있는 매력적인 디자인과 같은 소프트웨어에 많은 힘을 기울일 수밖에 없다.

인구감소, 도시공동화, 고령화와 복지 축소 등 지역과 사회에서 일어나고 있는 여러 가지 문제를 행정이 아닌 지역에 살고 있는 사람들의 연결과 자기가 살고 있는 지역에 대한 책임으로 해결하는 것이 커뮤니티 디자인을 하는 야마자키 료 대표의 미션이다.

야마자키 료 대표는 커뮤니티 디자인을 설명할 때 디자인에 더해 복지를 빼놓지 않고 이야기한다. 커뮤니티 디자인은 지역의 과제를 해결함으로써 개인과 집단의 생활을 개선하는 사회복지 실천 기술 중 하나인 '커뮤니티 워크'와 닮아있다. 복지에 디자인의 발상을 활용해서 주민들의 삶을 풍요롭게 할 수 있다고 생각하기 때문이다.

야마자키 료의 커뮤니티 디자인 방법

야마자키 료 대표의 커뮤니티 디자인 방법은 크게 조사와 워크숍으로 나눌 수 있고, 모두 주민들이 주체가 되어 서로의 관계를 회복하는 과정이다. 이것이 가능하도록 조사와 워크숍을 '듣기 – 워크숍 참여 – 팀 구성 – 지원 과정'으로 계획한다. 특히 주목해서 보아야 할 지점은 사업의 시작인 지역조사와 듣기를 위해서 마을 사람들을 직접 찾아가 인터뷰하고 지역을 관찰하는 방법이다. 여기서 쓰이는 질문은 연구자의 학술적인 질문이 아니라 이야기하듯 쉽게 묻고 답할 수 있는 질문으로, 질문을 함으로써 활동의 장애와 자원을 찾아낸다. 또 외부 전문가(컨설턴트)에 의해 진행되는 비슷비슷한 사업에서 벗어날 수 있도록 워크숍 과정에서 지역의 정체성을 오랫동안 지켜온 주민들 스스로가 함께 이야기하고 계획을 세울 수 있게 하며, 계획을 실행할 수 있게 해준다.

커뮤니티 디자인 프로세스와 기술 10단계

야마자키 료가 대표로 있는 스튜디오 L의 '커뮤니티 디자인 프로세스와 기술 10단계'는 앞의 두 가지 방법과 네 가지 과정을 더 자세하게 알려준다. 단계별로 간략히 정리하면 다음과 같다.

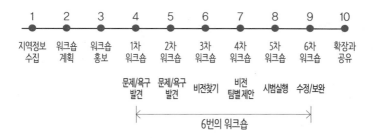

참고 : 스튜디오ㅡㄴ 홈페이지(http://www.studio-l.org/)

커뮤니티 디자인 프로세스와 기술 10단계

1단계 : 지역정보 수집을 위해 직접 주민을 찾아가서 대화 방식의 인터뷰와 지역 및 주민생활 관찰의 방법으로 조사를 시작한다. 인터뷰를 할 때는 행정에서 인터뷰할 주민을 추천받을 수도 있고 주민들이 많이 모이는 카페나 미장원, 지역 식당 등을 찾아가서 할 수도 있다. 기초적인 지역자료는 행정기관이나 관계기관의 자료를 수집해서 사용하면 된다.

2단계 : 지역정보를 토대로 워크숍을 기획한다.

3단계 : 워크숍 참가자를 모집한다.

4~9단계 : 워크숍은 보통 여섯 차례에 걸쳐 진행한다.

- 1차 워크숍은 문제와 필요에 대한 욕구를 찾아가는 모임이다. 지정된 주제와 관련있는 것을 찾을 수도 있고 주제가 없다면 가령 내가 하는 일이 어떤 점이 문제가 되고 어떤 점이 좋은지를 생각해보게 할 수 있다.

- 2차 워크숍은 문제와 필요에 대한 이유를 이야기해본다.

- 3차 워크숍은 문제와 욕구의 원인을 토대로 앞으로 할 일과 하고 싶은 일을 두고 비전(미션)을 정한다.

- 4차 워크숍은 팀을 나누어 팀별로 해결방안과 어떤 활동을 할 것인지 아이디어를 개발한다.

- 5차 워크숍에서는 이렇게 나온 아이디어를 아이디어별로 구체적인 실행방안을 만들어 시범적으로 실행한다.

- 6차 워크숍에서는 실행 이후 반응을 수집해 아이디어를 수집, 보완하는 과정을 반복한다.

10단계 : 마지막으로 아이디어를 확장하고 성과를 공유할 수 있도록 한다. 이때부터 시범사업으로 수집, 보완하여 하나의 사례가 된 아이디어는 주민 사이에 형성된 관계와 경험으로 지역의 다른 사업으로 이어지거나 다른 지역으로 전파되어 새로운 사례를 만들게 된다.

스튜디오 L에서 야마자키 료 대표와 함께 일하는 아리사 선임 매니저는 '커뮤니티 디자인 프로세스와 기술 10단계'를 사례를 들어 쉽게 설명한다.

먼저 지역정보를 찾습니다. 지도나 관광안내서, 지역 잡지 등을 찾아요. 지역의 서점을 찾아가기도 합니다. 지역 서점에 가서 어떤 잡지가 놓여있는지를 보면 그 지역에 젊은 사람들이 많은지 나이가 많은 사람이 많은지 알 수 있습니다. 그리고 프랜차이즈가 아닌 지역의 카페나 빵집을 찾습니다. 지역에서 그런 가게를 운영하는 분들은 지역을 위한 워크숍 활동에 참여할 확률이 높습니다. 그런 사람들에게 찾아가 말을 걸어보면서 대화를 나누고, 워크숍이 좋다고 생각하는 사람이 있으면 여러 가지 지역에 대한 이야기를 듣습니다.

그리고 그 이야기를 토대로 이 지역에 어떤 것이 필요한지를 조사하고 계획을 세웁니다. 그리고 그 계획을 기본으로 삼아서 워크숍 참가자를 모집합니다. 지역을 변화시키기 위한 계획을 세울 때는 와줬으면 하는 사람들도 정합니다. 그러면 그들에 따라서 포스터의 디자인도 달라지게 됩니다. 예를 들면, 젊은 사람들이 참여해줬으면 한다면 세련된 디자인이어야 하고 나이 많은 사람들이 참여해야 하는 것이라면 글씨가 커야 합니다. 그냥 글만 써서 붙여놓으면 젊은 사람들은 오지 않고 나이 많은 사람들만 오게 됩니다.

공개모집을 해서 워크숍 당일 모인 사람들과 6번의 워크숍을 진행합니다. 처음에는 자기가 살고 있는 지역의 매력을 발견하는 시간을 가집니다. 발견한 매력 포인트들을 지역의 지도에 표시합니다. 그리고 그런 매력을 활용하기 위한 아이디어를 만들고 플랜을 기획합니다. 찾아낸 매력을 활용할 수 있는 방법으로 계속해서 발전시켜 나갑니다. 예를 들어, 지역의 특산물이 매력 포인트라면 그걸 상품화한다든가, 레스토랑이나 시장을 활용한다거나 하는 것입니다.

그리고 그걸 실현하기 위한 전단지 등의 홍보물을 제작합니다. 전단지를 디자인하기 위한 노하우를 가르치고 손으로 작업하게 합니다. 그리고 그것을 디지털화합니다. 기본적으로 모든 것은 지역 주민들이 직접 참여하여 만들어냅니다.

예를 들어 그렇게 기획한 레스토랑이 있다고 하면, 그걸 갑자기 연다고 해서 성공할 수 있을지 없을지 모릅니다. 그렇기 때문에 먼저 실험적으로 열어봅니다. 그 실험을 통해서 확인한 결과로 개선점을 찾기 위해 회의를 합니다.

그 과정이 끝난 후 본격적으로 시작이 되면 깃발도 달고, 지도 같은 것도 나눠주면서 하나의 마을뿐만 아니라 다른 마을과 콜라보레이션도 하면서 여러 방면으로 진행을 합니다. 자신의 마을에서 했던 활동들을 토대로 잘된 것과 그렇지 않은 것을 구분해서 공유합니다. 정보를 공유하면서 무엇이 잘되었는지, 왜 그랬는지, 어떤 것이 어떤 결과를 얻게 되었는지를 알 수 있습니다. 예를 들어 관광 관련 프로그램을 기획할 경우, 카페를 여러 지역에 만들어서 이곳들을 연결하면 큰 네트워크가 생성됩니다. 그렇게 되면 만약 당일치기로 여행을 오던 사람들도 가볼 곳이 늘어나고, 그러다 보면 하루를 묵게 되기도 하면서 지역 발전에 도움이 됩니다. 지금 말씀드린 것은 예로 설명을 드린 것입니다. 먼저 관계를 쌓고 자신들이 스스로 할 수 있도록 돕고, 그것이 멋져 보이도록 만드는 것이 커뮤니티 디자이너의 역할이자 우리의 기술이라고 생각합니다.

- 〈커뮤니티 디자인 견문록 – 잘 다녀왔습니다〉
(마케팅커뮤니케이션협동조합 살림) 중에서

지역 현안을 4가지 관점에 따라 분류

스튜디오 L에서는 커뮤니티 사업을 진단하고 새로운 사업을 수립하기 위해 사업 전체를 네 가지 관점의 지역 현안으로 분류한다. 교육 + 인구 + 문화의 사람에 대한 관점, 재화 + 의료/건강 + 복지의 생활에 대한 관점, 물물교환 + 정보 + 연계의 산업에 대한 관점, 자연환경과 생활환경을 포함하는 환경의 관점이다.

어느 하나 빠트릴 수 없는, 주민생활과 연결된 일들이다. 각

사람에 대한 관점	생활에 대한 관점
교육 + 인구 + 문화 등	재화 + 의료/건강 + 복지
산업에 대한 관점	환경에 대한 관점
물물교환 + 정보 + 연계 등	자연환경 + 생활환경

4가지 지역 현안 분류

각의 관점에 따라 지금 지역은 어떤 상황에 있는지 찾아 정리하고, 어떤 불편한 문제가 있는지 묻고, 지역에서 살아가기 위해 어떤 것들이 필요한지 등의 답을 찾다 보면 지역의 현재와 미래의 계획을 비교해 목표를 세울 수 있다.

커뮤니티 디자인 과정에서 유의할 점

야마자키 료 대표는 커뮤니티 디자인 과정이 주민 스스로 자립할 수 있을 때까지 최소 3~5년의 시간이 필요하다고 한다. 커뮤니티 디자이너는 이 기간에 주민 스스로 책임지고 운영할 수 있도록 도움을 주고 그 뒤로는 주민이 자립할 수 있도록 안내한다.

커뮤니티 디자인은 주민들이 관심과 호감을 가질 수 있도록 세밀히 신경을 쓰고 준비해야 한다. 커뮤니티라는 문 안에 첫

발을 들여놓게 하기 위해서다. 이성보다 감성이 더 중요하다. 전문적인 분석과 기획 능력 이전에 주민들에게 하는 인사가 앞으로의 활동에 중요한 역할을 하기도 하고, 활동가들이 지역에서 보이는 말 한마디, 행동 하나하나가 커뮤니티 디자인을 대하는 주민들의 태도를 결정한다. 말로 설명하기보다는 몸이나 그림으로 느낌을 표현하는 게 더 나을 수도 있다.

예측할 수 없는 상황에 대처하는 능력과 디자인 방법도 필요하다. 워크숍에 참석자가 적을 때는 왜 참석자가 적은지에 대한 것으로 주제를 바꿔 이야기 나눌 수 있어야 한다. 또 주민들과 함께하는 여러 자리에서 그들의 무의식적인 행동을 보며 지역주민들만이 가지고 있는 지역의 매력을 직관적으로 찾아 아이디어로 제안하기도 해야 한다. 끊임없이 주민들이 흥미를 가질 수 있는 방법도 고려해야 한다.

이렇게 준비된 사업들이 진행되려면 행정도 주민과의 협력이 지속될 수 있도록 사업을 담당할 새로운 과를 설치하는 등의 체제 정비를 하고 공무원들이 사업을 이해하고 적극적으로 지원할 수 있도록 워크숍을 개최하는 등의 활동이 필요하다.

야마지키 료 대표의 커뮤니티 디자인은 주민들 스스로가 지역에서 행복하게 살기 위해 내가 생각하는 일을 찾아 실천하는 일이다. 이 과정에서 주민들이 자연스럽게 연결되고 책임감을 갖게 된다.

지역의 과제를 지역주민 스스로
해결할 수 있게 돕는다

커뮤니티 디자이너 야마자키 료(YAMAZAKI RYO)[*]

질문:이무열 | 번역:이상준

Q. 일본의 커뮤니티 디자인은 COVID-19에 어떻게 적응하고 있는지 료 대표의 경험과 사례를 소개해주시겠습니까? 또 앞으로 커뮤니티 디자인은 뉴노멀이라는 새로운 사회기준이 만들어지는 과정을 어떻게 준비해야 한다고 생각하십니까?

코로나로 인해 커뮤니티 디자인의 워크숍은 온라인으로 진행하는 경우가 많아졌습니다. 현재 전체의 60% 정도는 온라인 워크숍입니다. 나머지 40%는 감염 대책을 철저히 하면서 대면으로 진행하고 있습니다. 온/오프라인의 진행 여부는 지역과 당시의 감염 상황에 맞춰서 판단하고 있

---

[*] 한국에도 잘 알려진 야마자키 료는 지역의 과제를 지역주민 스스로가 해결할 수 있게 돕는 커뮤니티 디자이너다. 스튜디오 L 대표로 마을만들기 워크숍, 주민 참여형 종합계획 수립, 건축이나 랜드스케이프 디자인 등 일본 전역에서 많은 프로젝트를 진행하고 있다. 국내에 번역된 저서로 《커뮤니티 디자인》, 《작은 마을 디자인 하기》가 있다. 이 글은 야마자키 료와 이메일을 통해 서면 인터뷰한 내용을 정리한 것이다.

습다.

온라인에서 워크숍을 개최한다고 하면 '온라인 사용법에 익숙하지 않은 고령자를 배제하는 것이냐'는 지적이 나옵니다. 아래 표에 제시한 대로 대면 워크숍에 참여하지 못하는 사람들이 온라인으로 진행할 때에는 참여할 수 있게 됩니다. 온라인으로 진행했을 때 참여할 수 없는 것은, 방법을 모르는 고령자뿐입니다. 즉, 온라인으로 워크숍을 진행하면 더 다양한 사람들이 참가할 수 있습니다. 따라서 온라인 방법을 모르는 사람에게 방법을 가르치는 일을 해야 합니다.

	대면 워크숍	비대면(온라인) 워크숍
참가 가능	• 고령자 • 퇴근 후 참여하고 싶은 사람 • 부모가 데려다 줄 수 있는 어린이	• 고령자(온라인 회의가 가능한 사람) • 퇴근 후 참여하고 싶은 사람 • 야근 중인 사람 • 육아 중인 사람 • 멀리 살고 있는 사람(외지인) • 어린이
참가 불가능	• 퇴근이 늦어 힘든 사람 • 야근 중인 사람 • 육아 중인 사람 • 도우미 없이 이동할 수 없는 사람 • 멀리 살고 있는 사람(외지인) • 어린이	• 고령자(온라인 회의 참가가 어려운 사람)

대면 워크숍과 비대면 워크숍의 참가 상황 비교

저희는 먼저 0번째 워크숍으로 '온라인 참여를 할 수 있는 사람만이 모이는 워크숍'을 개최합니다. 워크숍을 하면서 아래 그림과 같은 종이를 준비하여 제공합니다. 중앙에 자기 이름을 쓰고, 주위에 '자신과 같은 수준으로 코로나의 방역 대책을 하고 있다고 생각하는 사람의 이름'을 적습니다. 그중 온라인 워크숍 참가방법을 모를 것 같은 사람의 이름에 동그라미를 그립니다. 그러면 다섯 명 정도 사람을 찾을 수 있습니다.

그리고 2주 후, 1회 워크숍을 열 때까지 다섯 명에게 연락해서, "우리는 코로나에 대한 대응을 비슷한 수준으로 하고 있으니 마스크를 쓰고 집에 찾아가서 온라인 툴의 사용법을 알려드려도 될까요?"라고 묻습니다. 이렇게 해서 집을 방문해, 스마트폰이나 태블릿 등을 이용해 온라인으로 워크숍에 참여할 수 있는 방법을 알려줍니다. 이렇게 하면 다음 워크숍

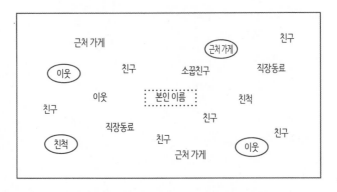

대면과 온라인 _ 동기와 비동기

*동기와 비동기 : 시간을 맞춘 상태로 진행하느냐, 각자 가능한 시간에 참여하느냐가 시간의 동기화 차이

에 온라인 참여 인원이 늘어납니다. 이렇게 온라인 참여가 가능한 사람 수를 늘리다 보면, 집에서 손자와 대화를 하다가 시간에 맞춰 온라인 다과회에 참여할 수 있는 할머니들이 늘어날 수 있습니다.

앞으로는 기본적인 읽기와 쓰기 능력뿐만 아니라 온라인 워크숍에 참여하거나 멀리 떨어진 가족, 친구와 대화할 수 있는 능력도 필수가 될 것입니다. 코로나는 그것을 단번에 확장할 수 있는 계기가 되었습니다. 이번 기회에 온라인 커뮤니티나 커뮤니케이션 방법을 넓혀가는 것도 커뮤니티 디자인이 해야 할 과제라고 생각합니다.

Q. 한국은 몇 년 전부터 오래된 원도심 지역을 재생하는 도시재생사업이 정부 주도로 활발히 진행되고 있습니다. 하지만 주민을 참여시키기가 쉽지 않습니다. 지역활성화 사업(초기)에 주민들이 참여하지 않는 이유와 주민이 참여하도록 하기 위한 방법은 무엇이라고 생각하십니까?

인간이 어떤 행동을 할 때, 뇌는 '시스템 1'과 '시스템 2'라는 두 개의 시스템을 통해 작동하고 있다고 합니다. 행동경제학에서 '시스템 1'이라는 것은, '귀엽다, 멋지다, 아름답다, 맛있다, 기쁘다' 등의 감성적인 사고 회로입니다. 이 시스템은 예비지식이 없어도 판단할 수 있으며, 단시간에 받아들여집니다. 그래서 인간은 우선 '시스템 1'을 통해 '행동 여부'를 판단합니다. 그 후 '옳다, 경제적이다, 모순이 없다, 합리적이다' 등의 이성적인 회로로 행동을 할지 말지를 판단하게 됩니다. 이쪽은 판단을 위해 예비지식이 필요한 경우가 많습니다. 그리고 판단에 시간도 필요합니다.

주민들은 도시재생 사업에 참여할지 말지를 판단할 때, 우선 그것이 '즐 거울지, 멋질지'를 판단한 뒤에 '올바를지, 합리적일지'를 판단하게 됩니 다. 그런데 행정조직이 주민참여 워크숍을 기획할 때 '옳은지, 합리적인 지'라는 '시스템 2'의 요소만 내세워 홍보하는 경우가 많습니다. 그럼 주 민이 참여하고 싶은 마음이 생기지 않고 행동으로 이어지지 않습니다. '옳은 것'이라는 것만으로 행동하는 사람의 비율은 10% 이하로 알려져 있습니다.

그러므로 만약 도시재생 사업에 많은 주민이 참여하기 바란다면, 사업의 옳고 그름과 합리성, 경제성을 강조하기 전에 프로젝트의 '즐거움'이나 '아름다움', '기분', '맛' 등을 강조하는 것이 좋습니다. 워크숍이 얼마나 즐거울지, 세련되고 멋진 장소에서 개최되는지, 아주 맛있는 것이 준비 되는지, 멋진 사람들이 참여할 것 같은지, 혹시 퍼실리테이터나 커뮤니 티 디자이너가 촌스럽지는 않은지, 그런 게 중요합니다.

Q. 야마자키 료 대표의 커뮤니티 디자인 활동을 보면 복지와의 연관성이 높아 보입니다. 한국도 커뮤니티케어라는 이름으로 지역복지 사업이 진행되고 있습니다. 커뮤니티 디자인과 복지는 어떻게 연결된다고 생 각하십니까?

복지는 매우 옳은 일이죠. 즉, '시스템 2'를 통해 진행됩니다. 의료도 마 찬가지입니다. 옳은 일이죠. 그리고 합리적입니다. 증거에 기초해서 행 동하고, 윤리관을 앞세웁니다. 건강 때문에 어떻게 생활해야 하는지를 설명합니다. 병이 걸리면 얼마나 힘들지 알리고, 일을 할 수 없고 생활이 괴롭게 되는 것을 강조합니다. 보험이나 의료복지에 사용하는 예산과 나라 살림이나 보험 제도의 영향에 대해서 이야기하기도 합니다. 모두 옳은 이야기지만, 재미없는 정보입니다. '시스템 2'에서 설명하고 있으므로 '시스템 1'이 자극되지 않죠.

디자인은 '시스템 1'을 자극할 수 있습니다. 예술도 마찬가지입니다. 아름답고 즐거운 것, 맛있는 것, 기분 좋고 멋진 것, 귀여운 것이라는 감정을 자극할 수 있습니다. 그래서 의료나 복지가 디자인이나 예술과 협동해야 한다고 생각합니다. 그렇지 않으면 사람들은 움직이지 않습니다. 커뮤니티 활동도 하지 않습니다. 의식이 변하지 않고 행동도 바뀌지 않죠. 그래서 의료, 복지에 커뮤니티 디자인이 필요하다고 생각합니다.

Q. 한국도 일본과 마찬가지로 초고령화 사회로 진입했고 수도권 집중화와 지역소멸 위기가 높아지고 있습니다. 한국보다 앞서 이러한 사회문제를 겪고 있는 일본의 경험으로 한국의 지역활동가들에게 도움이 될 만한 이야기를 해주신다면 무엇이 있겠습니까?

코로나로 인해 사람들이 모일 수 없게 되었습니다. 혹시 다음에 또 새로운 바이러스가 창궐한다면 같은 일이 벌어질 거라고 생각합니다. 너무 많이 모이는 것은 좋지 않다는 교훈입니다.

바이러스 문제가 아니더라도, 과밀 현상은 피곤한 일입니다. 혼잡한 열차를 타게 되거나, 점심을 먹기 위해 줄을 설 수밖에 없죠. 식사를 하기 위해 찾아간 식당의 자리가 좁고 테이블도 작고, 돌아간 집의 방도 좁고, 자기 방이 없기도 합니다. 정원은 꿈도 꾸기 어렵죠. 좁은 동네의 소리 때문에 소음 문제가 생기기도 합니다. 이웃이 건물을 올려서 일조권 재판을 하게 되기도 하죠.

이런 것들은 모두 과밀로 인한 문제입니다. 주차장 값은 비싸고, 점심과 저녁 식사도 비쌉니다. 그런 곳에서 참고 일하다 보면 대기업이나 정부만 돈을 벌게 됩니다. 다 비싸니까 돈이 잘 돌고, 경제가 빠른 속도로 순환하게 됩니다. 매상도 오르고, 세수도 증가하게 되죠. 즉, 생활하는 사람들은 좁은 주택이나 회사에서 스트레스를 안고 열심히 일해서 돈을 쓸 수밖에 없는 환경에서, 기업이나 정부는 싱글벙글 웃으며 돈을 벌고 있는 것이죠. 심지어 바이러스의 감염이 확대될 수도 있고요. 아주 효율적으로 돈을 뜯어내고 바이러스를 퍼뜨릴 수 있는 시스템입니다. 사람들만 계속 참아준다면요.

한편, 코로나 상황을 통해서, 인터넷이 연결된 지역이라면 어느 정도 업무가 가능해지는 사회가 새롭게 태어나고 있습니다. 사람들이 어느 정도 눈치 채기 시작했습니다. "집에 있으시오(Stay Home)"라는 말을 1년 동안 들으면서, 많은 시간을 집에서 보내고 가족과 보냈습니다. 나가지 못했지만 그다지 외롭지 않았습니다. 온라인으로 많은 친구들과 대화를 하거나 채팅을 했고, 줌(ZOOM)이 있었고, 클럽하우스도 생겼고, 유튜브도 있었습니다. 재차 생각해보면, 이 1년 동안은 집이 도심부에 있어도, 교외에 있어도, 산간이나 섬 지역에 있어도 별로 크게 상관없는 시기가 아니었나 싶습니다. 도심에 있어도 대부분 자택에서 생활하고, 외출한다고 해도 슈퍼마켓과 편의점 정도였습니다. 나머지는 아마존으로 쇼핑을 하거나, SNS로 정보 교환을 했죠. 아마존 프라임이나 넷플릭스로 영화를 보고, 유튜브로 정보를 얻거나 발신하거나 했습니다.

그런 삶이라면 사실 집세나 고정자산에 들어가는 높은 비용을 내면서 도심에 있을 필요가 없습니다. 더구나 지방에서는 긴급사태에 대한 선포가 발령되지 않기도 했습니다. 현재도 도쿄를 포함한 수도권 지역만 아직 긴급사태를 유지하고 있고, 일본의 다른 지방은 해제되어 있습니다. 스트레스가 가장 높은 도쿄 지역에 참으며 살고 있는데, 긴급사태 선언마저 끝까지 해제되지 않고 있다는 것은 안타까운 일입니다.

그래서 이제 슬슬 믿어도 되지 않을까 하는 생각이 듭니다. 쾌적한 삶이 도심 안에 있는 것이 아니라는 것을, 도심부가 아니면 최신 정보를 얻을 수 없는 게 아니라는 것을, 도시가 아니면 친구들과 자주 만날 수 없는 게 아니라는 것을, 인터넷만 접속할 수 있다면 어느 정도는 커뮤니케이션을 즐길 수 있다는 것을요.

일본에서도, 그리고 한국에서도 로컬에 주목하고 활동하는 사람들에게는, 위와 같은 시대가 오고 있다는 것을 제대로 인식하고 사람들에게 전달할 수 있도록 준비하는 것이 중요하다고 생각합니다. 도시에서의 생활이 필수가 아니라는 것에 대해 자신감을 가지고 다른 사람에게 전할 수 있는 태도가 중요합니다. 그렇게 되면, '지역에서 잘 사는 법은 어떤 것일까'라는 아이디어가 자꾸자꾸 솟아날 것입니다. 워크숍을 해도 사람들과

스튜디오 L
인터넷 홈페이지
www.studio-l.org

함께 다양한 아이디어를 실현할 수 있습니다.

우리는 기업이나 정부의 돈을 벌어주려고 살고 있는 것이 아닙니다. 자꾸만 밀집되고, 효율적으로 돈을 쓰게 하는 대도시라는 장소를 거부하면, 풍부한 자연환경과 친구와의 깊은 커뮤니케이션을 모두 손에 넣는 것이 가능합니다.

Q. 한국에서는 청년들이 지역에 대해 관심을 갖고 참여하는 경우가 점점 많아지고 있습니다. 최근 일본 청년들의 커뮤니티 디자인(지역활성화) 활동에 대해 소개해주시겠습니까?

도쿄 등 대도시에서는 아직도 집세나 땅값이 비싸서 청년들에 의한 지역 활성화 활동이 생기긴 어려운 것 같습니다. 오히려 지역에서 더 많은 활동이 이루어집니다. 빈집이 많고 임대료가 싸기 때문에 쉽게 프로젝트를 시작할 수 있기 때문이죠. 낡은 주택을 개조해 민간 도서관을 만드는 사람이 있는가 하면, 오래된 점포를 개장해 카페나 코워킹 스페이스를 만드는 사람도 있습니다.

청년들이 지금의 자신들이 원하는 공간을 부담 없이 만들어내고 있습니다. 그것도 전문 디자이너에게 의뢰해 비용을 지불하는 것이 아니라, 스스로 만들고, 동료도 찾아내며 기술을 손에 넣고 있습니다. 동료와 기술을 손에 넣으면 두 번째, 세 번째 점포를 만들 때 도움이 됩니다. 돈을 지불하고 전문가에게 맡기면 두 번째, 세 번째 모두 전문가에게 부탁해야 하죠. 그렇게 되면 돈이 생길 때까지 점포를 늘리기 어렵습니다. 그게 아니라 필요에 따라 점포를 늘리고, 동료를 늘릴 수 있게 하는 것이 중요합니다. 물론 필요 없어지면 가게 문을 닫는 것도 수월하죠. 이를 위해 과도한 자금을 마련할 필요가 없는 것이 강점이라고 생각합니다.

그런 일이 가능한 건, 사실 선배들이 그동안 주택이나 점포의 기반을 마련해주었기 때문입니다. 이미 있는 것을 활용한다는 점에서, 기성세대나 기존 선배들의 노력이 있었기에 지금의 젊은이들이 그것을 활용해서 사업을 시작하고 필요에 따라 확대하거나 축소시키는 등 무리 없이 프로젝트를 운영할 수 있게 되는 거라고 생각합니다.

최근 사례로는 '해피의 집(다세대가 모여 사는 공동 주거 모델, https://helpmanjapan.com/article/8161)'과 '모두의 도서관 산카쿠(지역주민 참여형 도서관, https://sancacu.com/)' 등이 재미있다고 생각합니다. 물론 모두 도쿄의 사례는 아닙니다.

Q. 기후위기가 지구의 지속가능성에 대한 위기의식을 높이고 있습니다.

기후위기에 대응하는 커뮤니티 디자인에 대한 생각과 일본 사례가 있다면 소개해주시겠습니까?

기후변화에 따른 환경 위기는 거의 모든 프로젝트에서 고려되고 있습니다. 우리가 진행하는 커뮤니티 디자인 워크숍에서 참가자들은 다양한 것을 배우게 되는데, 그중에는 환경문제도 포함됩니다. 지역의 미래를 생각할 때, 기후위기에 문제가 되는 아이디어는 내지 않습니다. 오히려 푸드 마일리지나 자연 에너지의 활용, 단열 기능이 좋은 공간 조성 등을 의식해서 하고 있습니다.

이것은 워크숍에 있어서 매우 중요한 일입니다. 워크숍이라는 것은, 많은 주민이 참여해서 '이미 알고 있는 것을 내놓는 곳'이 아니기 때문입니다. '새롭게 배운 것과 이미 아는 것을 융합시켜 의견을 제시하는 장소'여야 합니다. 그래서 환경문제나 기후변화, 에너지와 식재료의 문제, 경제 격차, 인공지능이나 사물인터넷(IoT) 정보, 자동차 사고와 자율 운행 차량의 이야기, 여성이나 해외 이주민에 얽힌 문제 등을 이야기하고 배우게 됩니다. 그것을 통해 지역의 미래에 대해 각자 아이디어를 냅니다. 그렇기 때문에 모든 워크숍의 아이디어에 기후위기에 대한 대응이 포함되어 있다고 할 수 있습니다. 물론 환경 이슈가 전면에 드러나는 아이디어가 나오지 않는 경우가 대부분이지만요.

일본에서 기후변화 위기에 대한 흥미로운 사례를 전개하고 있는 사람이나 조직을 들자면 에다히로 준코 씨의 행복경제사회연구소라고 생각합니다. 다양한 노력과 시도를 하고 있습니다.

Q. 야마자키 료 대표의 커뮤니티 디자인에서 예전부터 강조된 점이 주민과 주민 사이의 관계입니다. 커뮤니티 디자인에서 관계의 중요성에 대해 다시 설명해주시겠습니까?

역사적으로 보면, 과거에는 주민과 주민 사이의 관계를 통해 성립되던 일들이 점점 산업화되고 있다는 점에 주목하지 않으면 안 됩니다. 사람들이 협력해서 하던 일이 어느새 산업이 되어버렸죠. 결혼식이나 장례식에는 친척들과 지역 이웃들이 모두 모여서 함께 요리를 만들거나 잔치를 했습니다. 그런데 이제는 예식장이나 장례식장에 돈을 내고 하는 것이 되었습니다. 집의 지붕 교체도 지역 사람들이 모여서 돌아가며 했는데, 이것도 어느새 기업이 돈을 받고 다시 짓는 것이 당연한 일이 되었죠. 칼이 안 들면 숫돌에 갈았고, 그 방법은 친척이나 이웃에게 배웠습니다. 이제는 대신 새 칼을 사지만 말이죠.

즉, 사람과 사람 사이의 관계를 통해 이어온 생활의 기술을, 기업이 서비스나 제품으로 만들어서 자꾸 돈으로 바꿔온 것입니다. 그럼 사람들은 생활을 하기 위해 돈이 필요하다고 생각하게 됩니다. '돈이 없으면 먹고 살 수 없다'고 믿게 되죠. 사실은 '관계성이 있으면 먹고살' 수 있을지도 모르는데, 무조건 돈을 통해 해결할 수밖에 없다고 생각되는 세월을 100년 가까이 살아왔습니다.

그 결과, 옆집에 사는 사람이 누군지 모르는 사람들이 늘어났습니다. 이웃과 서로 돕는 일이 줄었고요. 다른 사람의 생활에 간섭하지 않는 것이 미덕이라고 생각하게 되었습니다. 자유를 누리며 원하는 대로 살아가는 것이 좋은 것이라고 믿는 사람들이 늘었지만, 그것이 성립하기 위해서는 돈이 필수입니다. 그러기 위해선 매일 일하지 않으면 안 되죠. 노동시간의 단축은 불가능합니다. 게다가 계속 그렇게 일을 해도 대지진과 같은 비상사태가 되면 주변에 자신을 도와줄 사람이 없다는 걸 깨닫게 됩니다. 또는 고령이 되어 혼자서 생활하는 것이 어려워졌을 때, 자신을 돕거나 만나러 와줄 사람이 거의 없다는 걸 깨닫게 됩니다. 물론 간호를 희망할 경우에는 또 돈이 필요한 상황이 벌어지죠.

일본이 전후에 세계에서 보기 드문 경제성장을 이룬 배경이 바로 그런 사람들을 만들어낸 것이라 볼 수 있습니다. 훌륭하다고 칭찬받기도 하지만, 관계를 의도적으로 단절시키고, 사람들 사이에서 협력하며 해내던 일을 기업이 소비활동으로 대체하게 만듦으로써 경제가 성장했던 것입니다.

이제, 좀 더 사람과 사람 사이의 관계를 회복해도 되지 않을까요? 서로 돕는다면 돈을 내지 않고도 할 수 있는 일이 많이 있습니다. 서로 연결되어 활동하기 시작하면, 서로에게 도움이 되고 즐거운 일도 할 수 있게 됩니다. 오락거리를 위해 기업에 돈을 지불하기보다는, 스스로 돈 들이지 않고 신나는 일을 찾아서 하면 됩니다. 명품을 구매하거나 쇼핑을 하는 대신, 가치관이 맞는 사람들과 수다를 떨고 웃을 수 있는 활동을 만들어가는 것이 좋습니다. 그럼 돈을 들이지 않으면서 노동시간도 조금씩 줄일 수 있을지도 모릅니다. 예상치 못한 비상 상황이 벌어졌을 때의 걱정도 덜 수 있습니다. 즐거운 노후도 상상해볼 수 있죠.

"생활을 위해 돈을 벌지 않으면 안 되고, 돈을 위해 인생의 즐거움을 줄인다." 이 말은 즉, 자신의 생활을 위해 즐거움을 줄인다는 것입니다. 이 것은 왠지 말이 안 되는 이야기 아닐까요? '생활을 위해 사람 사이의 관계를 소중히 하고, 관계를 충실히 함으로써 인생도 즐거워진다'가 되는 편이 좋습니다. 문장 사이에 들어가는 단어가 '돈'이냐 '관계'냐에 따라 의미가 많이 달라지는 거죠.

그렇게 즐거운 삶을 살아가는 사람들이 늘어나면 지역은 조금씩 활성화될 것입니다. 지역활성화에도 '돈'을 적용시키면 같은 함정에 빠지게 됩니다. '돈을 버는 지역 만들기'를 목표로 하게 되는 것이 바로 그런 것입니다. '생활을 위해 돈을 벌어야 하므로, 돈 버는 지역 만들기를 목표로 한다. 돈 버는 지역을 만들기 위해 인생의 즐거움을 포기하면서까지 열심히 일해야 한다'라는 것이죠.

'사람과 사람 사이의 관계'로 만들어지는 생활의 영역을 넓히고, 서로 돕고 배우고 즐기면서, 동료와 친구와 이웃과 함께 보낸 역사를 공유하며 인생을 만들어가고 싶습니다.

Q. 한국에서는 얼마 전부터 지역활동가들을 로컬 크리에이터라는 이름으로 부르고 있습니다. 일본에서도 로컬 크리에이터라는 말을 사용하고 있습니까? 사용하고 있다면 주로 어떤 활동을 하는 사람들을 로컬 크리에이터라고 부릅니까? 료 대표가 생각하는 커뮤니티 디자이너와는 어떤 차이가 있습니까?

일본에서도 로컬 크리에이터라는 말을 쓰는지는 잘 모르겠습니다. 다만,

그 의미는 잘 이해할 수 있을 것 같습니다. 지역 밀착형으로 창조적인 활동을 전개하는 사람으로 생각됩니다. 커뮤니티 아키텍트(지역 밀착형 건축가)도 로컬 크리에이터라고 생각합니다. 지역에서 활동하는 건축가로서, 지역 내에서의 활동을 통해 세계적 건축가로 발돋움하려는 태도를 지닌 이들입니다. 지역에서 활동하는 민간 예술 영역에서의 작가나, 지역에서 발간되는 매거진, 지역정보를 편집하는 활동을 하는 사람들, 지역 특산물을 개발하거나 디자인하는 사람도 로컬 크리에이터일 것입니다. 그러고 보면 로컬 크리에이터는 지역 밀착형 전문가라고 할 수 있겠네요.

한편 커뮤니티 디자이너는, 자기 자신이 무언가를 만들어내는 역할을 하는 것이 아니라는 점이 특징입니다. 커뮤니티 디자이너가 직접 특산품을 개발하거나 공간을 만드는 것이 아닙니다. 지역에 사는 사람들이 서로 대화하고, 배우고, 시행착오를 거치면서 특산품을 개발하거나 공간을 만들어낼 수 있게 합니다. 거기에 맞춰 대화하는 방법을 가르쳐주고 조직화를 돕고 활동을 지원하는 일을 하는 것이 커뮤니티 디자이너죠. 그래서 우리는 '작품집'을 만들 수 없습니다. 우리는 작품을 만들지 않고 구체적인 디자인을 만들어내는 것도 아니기 때문입니다. 오히려 학교에 가깝죠. 교육을 시키는 것은 아니지만, 주민들이 서로 모여 배우고 성과를 내는 과정에 함께하는 존재이기 때문입니다. 그런 의미에서 우리의 활동을 정리한다고 하면, '작품집'이 아니라 '프로젝트집'이라고 하는 것이 옳을 것 같습니다.

코로나로 집에 있는 시간이 늘어났기 때문에 현재 '프로젝트집'을 정리하는 중입니다. 올해 안에 출판하려고 생각하고 있고, 일어와 영어를 병기한 두꺼운 책으로 정가는 1만 엔이 넘는 책이 될 것 같습니다. 무겁고 비싼 책이지만, 커뮤니티 디자인에 관심이 있는 분들에게 우리의 경험을 잘 전달할 수 있길 기대합니다.

Q. 한동안 한국에서 야마자키 대표의 활동 소식을 접하지 못했습니다. 끝으로 야마자키 대표가 최근에 관심을 갖고 있는 주제와 활동이 있다면 말씀해주시겠습니까?

코로나로 인해 온라인으로 워크숍을 진행하는 일이 늘었습니다. 그러다 자연스레 동기형과 비동기형 워크숍 형태에 대해 관심이 생기게 되었습니다. 참가자가 같은 시간 같은 장소에 모여 개최하는 것이 '동기형 대면 워크숍'이라면, 같은 시간에 온라인에 모여 개최하는 것이 '동기형 온라인 워크숍'입니다.(202쪽 표 참조) 이 두 가지는 기본적으로 같은 방식입니다. 한편 같은 시간에 모이지 않고 자신이 원하는 시간에 동영상을 보고, 원하는 시간에 의견을 다는 방식을 반복하는 것이 '비동기형 온라인 워크숍'입니다. 이 방법을 사용한다면 이슈를 전달하는 역할로서 동영상을 촬영하고 유튜브 등을 통해 제공해야 합니다. 저도 작년 9월부터 유튜브 채널을 시작했습니다. 하다 보니 재미있어서 매일 업로드하고 있어요. 커뮤니티 디자인에 관해 이것저것 이야기하고 있습니다.

덧붙여, 다음 표의 왼쪽 아래에 보면 '비동기형 대면 워크숍'이 있습니다. 특정 공간을 계속 개방형으로 열어두면, 사람들이 원하는 시간에 방문해

	대면 워크숍	비대면(온라인) 워크숍
동기형	• 기존 워크숍 방식 : 지정된 일시와 장소에 모임 • 아이스브레이크 〉 이슈 공유 〉 대화 및 토의 〉 전체 공유 〉 정리 순서 • 해당 사이클을 1회로 하여 매월 1회 개최 • 워크숍 사이에 과제를 제출하기도 함 • 정리된 안건을 사무국이 정리하여 뉴스레터 등으로 발행	• 줌(ZOOM/온라인 방법)을 이용한 워크숍 : 같은 시간대에 온라인으로 모여 대화 진행 • 온라인 아이스브레이크 〉 이슈 공유 〉 분임토의 〉 전체 공유 〉 정리 순서 • 해당 사이클을 온라인으로 실시, 매월 1회 개최 • 워크숍 사이에 과제를 제출하기도 함 • 정리된 안건을 사무국이 정리하여 뉴스레터 등으로 발행
비동기형	• 항상 열려있는 자리, 특별한 주제 없이도 어렵지 않게 지역 사람들이 모여서 대화를 나누는 열린 공간 • 2주간 계속 의견을 모집, 그 결과를 사무국이 정리해서 장소에 게시하고 다음 2주간 의견을 모으는 것을 반복 • 자신이 편한 시간에 가서 대화를 하거나 의견을 남김	• 온라인으로 참가 등록, 자기 소개 동영상 등을 업로드 • 사전에 촬영한 동영상을 유튜브에 업로드 후 전달하여 이슈를 공유, 참가자는 가능한 시간에 시청하고 1주일 동안 주제에 대해 각자 의견을 온라인으로 전달 • 모인 의견을 종합하여 다음 이슈에 대한 동영상 촬영, 이것을 전달하고 1주일 동안 의견 모집 • 반복하여 의견을 모집하고 정리

대면과 비대면(온라인) 워크숍-동기와 비동기

서 의견을 적는 것이죠. 이런 워크숍을 해본 적은 아직 없지만 코로나 상황이 진정되면 어디선가 실현해보고 싶습니다.

(2021. 4)

5
커뮤니티 픽션

SF의 오마주인 '커뮤니티 픽션'은 '지역을 위해 상상을 해보는 방법'이다.
커뮤니티 픽션은 주민들이 꿈꾸고 바라는 마을을 먼저 상상하고
그렇게 상상한 마을을 만들기 위해 거꾸로 할 수 있는 방법을 찾아가는 방법이다

일을 계획하는 방식에는 두 가지가 있다. 하나는 자기가 배우고 경험한 것들을 활용해서 하나하나 계획해서 결론에 이르는 방식이고, 다른 하나는 결론부터 내고 방법을 찾아 거슬러 오르는 방식이다. 보통은 이 둘 중에서 자신에게 익숙한 방식으로 일한다. 이러한 태도는 위험보다는 안전을 선택하려고 하기 때문인데, 비즈니스 소셜 네트워크 서비스 링크드인(Linkedin)의 이사회 의장인 리드 호프먼은 "역설적이게도 지속적으로 변화하는 세상에서 안전하게 행동하는 것은 가장 위험한 행동 중 하나다."라며 안전의 위험성을 경고했다.

SF 작가들의 상상력이 세상을 바꾸고 있다

알고 있는 지식과 경험했던 방법이 제대로 작동되지 않을 때 어떻게 해야 할까? 코로나19 팬데믹 전부터 점점 더 예측할 수 없는 불확실한 미래를 준비하고 싶은 정부와 기업들은 SF 작가의 도움을 받아 새로운 세상을 향해 이루어지지 않을 것 같은 상상 속 계획을 세우고 있다.

2019년 프랑스 국방혁신청은 SF 작가와 미래학자로 구성된 '레드팀'을 조직해 상상 속의 대담한 가설로 미래 전투를 준비하는 일을 맡기고 있고, 나토 연합군 사령부가 발행한 2016년 SF 단편선집 《전쟁의 비전 2036》은 위성 탈취, 사이버테러, 드론 공격 등을 가정한 상상 속 전쟁 시나리오로 구성돼 있다.

이제는 일상이 된 스마트홈 기술의 경우, 이미 30년 전에 빌 게이츠의 마이크로소프트가 모든 생활이 언제 어디서든 인터넷으로 연결되고 조정되는 집과 사무실을 계획한 것에서 시작되었다. 혁신의 상징이 된 아이폰의 디자인은 〈마이너리티 리포트〉(2002)에서 존 앤더튼(톰 크루즈 분)이 특수 장갑을 끼고 손동작으로 화면을 조작하던 모습에서 영감을 얻었다고 한다. 또 이 영화의 미술감독 알렉스 맥도웰은 자동차 기업 포드를 위해서 도로 교통 이슈 해결과 자율주행으로 이동하는 '내일의 도시'라는 상상의 공간을 작업하기도 했다. 그는 이외에도 신용

카드 비자(VISA)를 위해서 가상공간 '미래의 거실'을 설계해 목소리만으로 결제하는 공간을 그려주기도 했는데 곧 우리의 현실로 다가올 것들이다.

시대를 뛰어넘을 수 있는 가상의 스토리를 상상해서 SF 소설과 영화를 만들듯이, 올 것 같지 않은 미래를 구성하는 SF가 역설적으로 불확실한 미래를 위한 가장 안전한 계획이 되어가고 있다.

한편으로는 과학적 상상과 다르게 중요한 일을 시작할 때 그 일이 7세대 뒤 자손들에게 어떤 영향을 끼칠지 깊이 고민하는 북아메리카 원주민들과 같은 생태적인 상상도 있었다.

상상을 뛰어넘는 사회를 위해 제안된 소셜 픽션

LAB2050의 이원재 소장은 소셜 픽션(Social Fiction)이라는 이름으로 지금 사회 시스템으로는 상상할 수 없는 일들로 사회를 도약시켜보자는 프로젝트를 처음 사회혁신 분야에 제안했다. 소셜 픽션의 첫 프로젝트인 '소셜픽션 컨퍼런스@어린이대공원'은 시설이 노후화되고 개장 당시와 달라진 환경에서 자신의 매력을 잃어버려 시민들의 방문이 뜸해진 어린이대공원을 시민들의 10년 뒤 상상으로 새롭게 발명하자는 목적으로 시도되었다. 약 100여 명의 시민들이 참여해서 하루 동안 다양한 아이디어를 제안하는 워크숍이 진행되었고 그 상상들이 제안서로 작성되었다. 마치 시민들이 만들어가는 오사카 '이즈미사노 구릉녹지공원'과도 유사하다. 차이는 '소셜픽션 컨퍼런스@어린이대공원'은 어린이대공원을 관리하는 서울시설관리공단을 비롯해 서울시 등 많은 기관에 전해지는 데 그쳤다는 안타까움이 있다.

이렇게 올 것 같지 않고 가능할 것 같지 않은 '소셜 픽션'은 지금 방식으로 해결되기 어려운 복잡한 문제를 넘어서는 방식으로 지방자치단체와 시민단체에서 사용되고 있다. 하지만 10년을 뛰어넘는 도약적인 계획은 실천보다는 새로운 아이디어를 얻는 브레인스토밍 정도의 방법으로만 사용되고 있다. 상상을 한다면 상상을 현실로 만드는 적극적 실천이 필요하다.

상상 실천을 위해 참고할 만한 방법이 있다. 에디 오벵이 고안한, 넘어서지 못할 것 같은 문제들을 잘게 분해해 '무엇을 할 수 있을지', '어디서 시작할지'를 찾아내는 스티키 스텝(Sticky Step)이다. 이는 청소년(청년)들이 몇 년 뒤 자신의 성장 목표를 먼저 정한 후에 질문을 통해 목적을 달성할 수 있는 구체적인 방안을 찾아서 실행하는 워크숍으로, 해외에서 많이 하고 있다. 예를 들어 힐러리 코텀이 쓴 《래디컬 헬프》(착한책가게, 2020)에서는 청소년들의 역량을 촉진하는 도구로 스티키 스텝을 사용하면서 "내가 수석 요리사가 되려면 OOO을 해야 하고, 자격증과 경험이 있어야 하고, 자격증을 가지려면 OOO을 해야 하고"와 같이 스스로 계획을 세워 행동하게 한다.

'소셜 픽션'은 실천방법까지를 민관이 함께 준비해야 한다.

커뮤니티 픽션, 말도 안 된다는 선 넘는 아이디어의 공유

《은하수를 여행하는 히치하이커를 위한 안내서》(책세상, 2005), 《스타트렉》 등의 소설과 영화로만 알려졌던 SF가 초가속 혼돈의 시대에 현실적인 경험과 감각으로는 도저히 예측할 수 없는 미래를 예측하는, 계획을 넘은 상상이 되고 있다. 상상은 상상으로 끝나는 게 아니라 우리 눈앞의 현실이 될 거라는 취지에서 SF 작가이자 편집자인 데이먼 나이트는 "우리가 손가락을 들어 가리키면 그것이 바로 SF다."라고 표현했다.

SF(Science Fiction)의 오마주인 '커뮤니티 픽션(Community Fiction)'은 '지역을 위해 상상을 해보는 방법'이다. 커뮤니티 픽션은 주민들이 꿈꾸고 바라는 마을을 먼저 상상하고 그렇게 상상한 마을을 만들기 위해 거꾸로 할 수 있는 것들을 찾아가는 방법이다. 마을활성화를 계획하는 과정에서 법규 때문에, 매뉴얼에 없어서, 해보지 않아서, 전문가들의 평가 등으로 아이디어가 실행되지 못하거나 처음부터 아이디어를 접어버리게 되는 현실적인 조건과 제한에서 벗어날 수 있게 하는 방법이 '커뮤니티 픽션'이다.

지역을 발명하는 '커뮤니티 픽션 워크숍'은 다음 6가지 내용과 순서로 상상하고 실천할 수 있다.

1. 주민들이 모여 10년 뒤 마을의 모습이나 아이들이 살아갈 마을을 시간과 공간 제한 없이 꿈꾸고 상상한다. 또 오랫동안 관리가 안 되어 쓰레기장이 되어버린 놀이터, 학생 수가 줄어서 비어있는 학교 등 지금 마을에 필요한 주제를 정해서 어떻게 되었으면 좋을지를 상상할 수도 있다. 무엇이든 상상해보자. 아파트로 꽉 찬 마을보다는 키 큰 나무 사이에 집들이 있는 숲속 마을, 주민들이 즐겨 찾는 시장이 있는 학교, 마을 안에는 차가 없고 여름철이면 수영장이 되는 거리를 상상할 수도 있다. 모두의 가게도 있다. 누구나 필요한 물건을 가져가고 가져다 놓는 가게. 도시 빌딩 한가운데 논은 어떨까? 내가 꿈꾸는 모든 것이 가능하다.

2. 꿈꾸는 마을을 이미지화하여 다른 사람들에게 나의 상상을 느낄 수 있게 한다. 잡지 사진 중에서 내가 상상하는 마을의 다양한 모습을 찾아서 오려 붙이는 아상블라주(Assemblage) 방법도 있고, 그림으로 그려보거나 레고로 상상물을 만들어볼 수도 있다. 글보다는 그럴듯한 이야기로 들려주는 게 좋다. 경험하지 못했던 꿈꾸는 마을이 어떻게 이성적인 설명만

으로 가능할 수 있을까. 마치 옛날이야기를 들려주듯이 상상하는 이야기를 만들면 좋겠다. 애니메이션 영화사 픽사가 스토리를 개발하기 위해서 마법의 6개 단어, '옛날에', '매일', '어느 날', '그래서', '그래서', '마침내'를 사용하는 것처럼 말이다.

> **옛날에** 외동아들 니모를 애지중지하는 말린이라는 열대어가 살았다. **매일** 말린은 니모에게 바다는 위험하니 멀리까지 헤엄치지 말라고 당부했다. **어느 날** 니모는 반항심에 아빠의 당부를 무시하고 넓은 바다로 나갔다. **그래서** 니모는 다이버에게 잡혀 결국 시드니에 있는 한 치과의사의 수족관 애완동물 신세가 되었다. **그래서** 말린은 다른 바다동물의 도움을 받으며 니모를 찾기 위해 여행을 떠났다. **마침내** 말린과 니모는 서로 만나고, 사랑에는 믿음이 중요하다는 사실을 배운다.
>
> – 영화 〈니모를 찾아서〉 중에서

3. 마을을 꿈꾸는 사람들이 모여서 그 상상한 일들이 어떻게 하면 가능할지 실행 아이디어를 내본다. 여기서는 약간의 제한적인 방법이 필요하다. 지금까지의 지식과 경험을 발휘해서 상상을 가능하게 하는 최소 3개의 구체적이고 효과적인 방안을 찾아본다. 그런 다음 찾은 방안을 실행할 수 있게 꿈을 위해 필요한 일들을 우선순위를 정해 차례대로 정리한다.

4. 앞의 방안들을 조금 더 구체적으로 계획한다.

5, 계획한 내용대로 작은 실험을 해본다.

6. 사람들의 반응을 살펴보면서 실행을 진단하고 다시 방법을 개선해서 실행하는 나선형으로 순환해가다 보면 어느새 꿈꾸고 상상하는 지역으로 향해가고 있는 마을을 발견할 수 있다. 또 이 과정에 꿈을 함께 나누고 만들어가는 주민들이 늘어나면서 지역을 위해 또 다른 꿈들을 꾸게 될 것이다.

꿈꾸는 만큼 지역이 발명된다.

6

극적인 발명

'초맥락'이라고 불리는 '극단적 결합'은 사람들이 지금까지 상상하지 못한 것들을 창조해서 관심과 흥미를 단번에 높이는 방법이다. 이를 통해 마을활동에 주민들이 관심을 갖고 참여하게 할 수 있고 마을을 새롭게 발명할 수 있다.

'극적'이라는 것은 '예상치 못한 반전'을 뜻하기도 한다. 전혀 생각하지 못했던 일이 벌어지는 것이다. 도심 한복판에 해수욕장이 나타난다면 어떨까. 2002년 파리 센 강변에 모래사장과 야자수가 있는 해변이 등장하면서 세계적으로 화제가 된 적이 있다. '파리 플라주'라는 이름의 이 사업은 파리 시내에서 자동차 통행을 줄이려는 목적으로 실행되었는데, 극적인 발명의 대표적 사례로 들 수 있다. 사업이 진행된 4주 동안 센 강 간선도로는 자전거, 인라인 스케이트, 보행자들의 산책로로 이용되었다.

극단적 결합이 지역을 매력적으로 탈바꿈시킨다

이렇게 극적인 발명을 아이디어 발상법에서는 '극단적 결합(Radical Collaboration)'이라고 한다. 극단적 결합은 지역을 매력적으로 탈바꿈시키고 단번에 원하는 모습을 발명할 수 있는 흥미로운 방법이다.

일반적으로 우리는 익숙한 생각과 생각이 연결되는 '맥락적(Context) 사고'와 발상에 익숙하다. 도시와 빌딩, 어린이와 놀이터처럼 '맥락적 사고'는 서로 연관되거나 연상되는 둘 이상의 것을 사슬을 이어가듯 연결하는 방법이다. 그래서 '가치사슬'이라고 부르기도 한다. '맥락적 사고'는 사람들이 이미 알고 있는 정보나 이미지를 이용해 별다른 거부감 없이 빠르게 정보를 전달하고 수용할 수 있게 한다는 점에서는 효과적이다. 하지만 정보와 아이디어가 지나치게 많아 혼란스럽기까지 한 지금과 같은 상황에서는 사람들의 관심과 매력을 끌기가 어렵다.

반면에 '초맥락'이라고 불리는 '극단적 결합'은 사람들이 지금까지 상상하지 못한 것들을 창조해서 관심과 흥미를 단번에 높이는 방법이다. 이를 통해 마을활동에 주민들이 관심을 갖고 참여하게 할 수 있고 마을을 새롭게 발명할 수 있다.

도시와 빌딩 말고 도시와 논밭은 어떨까? 지치고 지루한 삶을 사는 어른들에게 마음껏 자기를 발산할 수 있는 어른들의 놀이

정선 고한 골목길 마을호텔18번가
오래된 폐광마을을 활성화하기 위해 발명
된 마을호텔. 골목길이 호텔의 엘리베이터
와 복도가 되는 '누워 있는 호텔'로 지금도
주민들과 함께 만들어가는 중이다.
(사진 제공 : 들꽃사진관 이혜진)

터는 어떨까? 도시에 논밭이 있다면 소멸해가는 농촌을 곁에 두
고 매일 먹는 밥과 반찬이 땅에서부터 내게 오기까지의 과정을
경험하면서 생태 감수성을 높일 수 있다. 게다가 논농사가 가지
는 일의 공동체성이 주민들 간의 관계를 다시 살려낼 수도 있다.
어른들의 놀이터는 정형화된 생활에 갇혀있는 어른들에게 즐겁
게 자기를 발산하고 자기를 발견할 수 있는 공간이 될 수 있다.

실제로 프랑스 낭트에서는 코로나19 팬데믹으로 어려움에 처
한 시민들을 돕고 건강한 먹거리를 제공하고자 시내 유휴공간
25,000㎡에 텃밭을 만들었다. 이 도시텃밭에서 자원봉사자들이
키우고 수확한 작물은 생활이 힘든 시민들에게 무상으로 제공된
다. 파리 북쪽 18구 샤펠 인터내셔널 지구에 건설될 초대형 물
류센터 옥상에는 7,000㎡ 규모의 옥상 텃밭이 조성될 예정이다.

극단적 결합을 유도하는 방법

극단적 결합을 발명할 때는 자기의 경험과 지식을 기준으로 '이것은 이렇다'는 단정적인 생각과 '이래서 안 된다'는 부정적인 판단을 내려놓고 열린 마음으로 무엇이든 가능하다는 태도를 갖는 것이 중요하다.

하지만 극단적 결합을 발명한다는 것은 쉽지 않은 일이다. 그래서 아래와 같은 표를 사용해 극단적 결합을 유도하기도 한다. 아래 표에서 A에 현재 지역이 가진 조건과 상황을 생각하지 말고 지역이 필요로 하는 것들을 생각나는 대로 적어보자. 무엇이라도 괜찮다. 지금까지 지역과 연관되지 않았지만 지역이 지향하는 목적과 지속가능한 지역을 위해 필요한 것들로 채워도 좋다. B는 지역이 가지고 있는 일반적인 정체성과 문화

A	B
모차르트	
고양이	인천 '정체성과 문화'
밀림	

극단적 결합

인천 지역이 지닌 고유한 정체성과 문화(B)에 연관성 없는 A를 결합하는 극단적 결합

다. 극단적인 결합의 시도와 어울리지 않고 비판의 이유가 될 수도 있다.

'파리 플라주' 사업에서도 간선도로를 폐쇄하는 동안 극심한 교통체증이 발생하고 예산 낭비 등을 초래해 사업이 불가능하다는 거센 반격이 있었다. 하지만 관행에 따른 위기와 반대는 오히려 지역 발명의 극적 효과를 더 빛나게 한다.

생각지 못했던 극적인 발명이 되었다면 이제는 이 사업을 실현할 방안들을 정리하고 준비해야 한다. 커뮤니티 픽션에서 소개한 '스티키 스텝 워크숍'은 주민들이 극적으로 발명한 사업을 실현하는 데 필요한 일들을 찾아내고 행동할 수 있게 하는 좋은 방법이다. 주민들 각자가 생각하는 극적인 발명의 실현을 위해 필요하거나 해결해야 할 일들 3~5가지 정도를 찾아서 적어보고 각자 적은 내용을 협의해서 우선해야 할 일의 순서를 정한다. 실천 과정에서 계속해서 문제가 늘어날 수도 있고 반응에 따라 계획을 수정하는 비연속적인 과정에서 일이 달성될 수 있다. 실천에 장애가 되는 문제나 비연속적인 기회 모두 혁신적인 발명의 과정이다.

접하는 순간 '와-'하는 소리가 나올 매력적인 지역을 원한다면 낯선 결합을 시도해보자. 생각하지 못한 새로운 지역의 발명이 탄생할 수 있다.

7

지역에 사건이 필요할 때

'사건'은 침체되고 무거운 지역의 분위기를 깨트려서 주민들이 지역활동에
관심과 흥미를 가질 수 있게 틈을 만든다. 사람들은 보통 자기 주위에서 벌어지는
비일상적인 일에 감각적으로 반응하고 느끼고 생각하고 행동한다.

지역활성화를 제대로 추진하기 위한 원칙 중 하나인 주민 참여가 현장에서는 쉽지 않다. 주민이 지역 일에 직접 참여해본 경험이 없기도 하고, 여러 사람 앞에서 공개적으로 아이디어를 제안하고 실천하는 과정이 낯설고 불편하기까지 해서다. 하지만 주민참여를 더 어렵게 만드는 것은 외부자와 소수자에게 폐쇄적이기까지 한 지역문화다. 또 반복되는 하향식의 도시재생, 주민자치 프로그램에 대해 피로도가 높기 때문이다.

주민의 참여를 촉발하는 '사건' 만들기

이런 상황에서는 처음부터 주민 주도로 지역활동을 시작하

기가 쉽지 않기 때문에 주민 주도의 활동 계획을 탄력적으로 변용해서 실행해야 한다. 커뮤니티 디자이너 야마자키 료는 현장에서 주민들의 참여가 적을 때는 준비해두었던 주제를 바꿔서 즉흥적으로 '주민이 참여를 안 하는 이유'를 주제로 주민들이 워크숍에 참여하는 방법을 찾는 워크숍을 진행한다. 이렇게 예측하지 못한 상황이 눈앞에서 벌어졌을 때에는 계획을 탄력적으로 변용한다.

다른 한편으로 주민 참여를 촉발시킬 수 있는 '사건'을 만드는 방법도 있다. '사건'은 침체되고 무거운 지역의 분위기를 깨트려서 주민들이 지역활동에 관심과 흥미를 가질 수 있게 틈을 만든다. 사람들은 보통 자기 주위에서 벌어지는 비일상적인 일에 감각적으로 반응하고 느끼고 생각하고 행동한다.

AIDMA*나 AISAS**, 5A***는 이러한 사람들의 행동 과정을 마케팅 관점에서 정리한 고객행동 모델이다. 고객행동 모델을 지역활동에 적용해 생각하면 지역활동이 침체된 지역에서 처음부터 주민들의 참여를 계획하기보다는 참여 전에 주민들의 관심과 흥미를 일으킬 수 있는 '사건'으로 지역활동 욕구를 만

---

* AIDMA : Attention(관심) - Interest(흥미) - Desire(욕구) - Memory(기억) - Action(행동)

** AISAS : Attention(관심) - Interest(흥미) - Search(조사) - Action(행동) - Share(공유)

*** 5A : Aware(인지) - Appeal(호감) - Ask(질문) - Act(행동) - Advocate(옹호)

들어야 한다는 것을 알 수 있다. 관심과 흥미가 생기고 욕구가
만들어지면 자발적인 참여와 확산, 지지가 생겨난다.

'사건'을 기획하는 데 필요한 세 가지 요소

'사건'은 외부 전문가와 활동가들로부터 기획된다. '사건'을
기획하기 위해서는 기본적으로 ①지역조사 ②라이프스타일
조사 ③사업대상 선정이 필요하다.

우선 '지역조사'로 지역이 가지고 있는 사회, 문화, 자연자원
의 공간적 특성과 함께 역사와 미래, 현재의 시간적 특성을 파
악한다. 지역조사에서 주의해야 할 점은 객관적인 특성을 넘어
서 사건을 만들어낼 일반적이지 않은 특이성에 주목해야 한다
는 것이다. 사건은 비일상성을 가질 때 효과적이라 이제까지
알고 있고 경험했던 것과는 다른 방식의 접근이 필요하다.

'라이프스타일'은 '지금 이렇게 살고 싶다'는, 사람들이 욕망
하는 생활양식이다. 반려생활이나 오도이촌과 같이 살고 싶은
바람이기 때문에 라이프스타일을 지역생활에 적용하면 바로
주민들의 관심과 흥미를 기대할 수 있다.

'사건'은 포괄적이기보다 좁혀졌을 때 더 효과적이다. 그래
서 사건은 분명한 대상이 있어야 하고 이 대상의 사회적인 성
향과 함께 연령, 성별 등의 인구 통계적인 특성을 중요하게 고

려해야 한다. 지금과 같이 다양성과 취향으로 설명되는 사회에서는 결국은 하나의 사업에 하나의 대상이 있을 뿐이다. 이렇게 다양한 사건들이 지역에서 펼쳐질 수 있어야 욕망이 다른 다양한 주민 그룹에게 접근하고 관심을 받을 수 있다. 대상을 선정할 때는 지렛대 효과를 고려할 수도 있다. 일본의 대표적인 마을만들기 활동가 엔도 교수가 말한 것처럼 아이들의 활동이 부모들의 참여를 가져온다. 지역에서 '사건'을 기획할 때 대상의 관심과 참여를 높일 수 있는 지렛대 역할을 할 누군가를 찾는다면 몇 배의 효과를 기대할 수 있다.

'사건'을 만들 때에는 공개적으로, 주민과 함께

'사건'은 그로 인해 만들어지는 변화를 주민들이 잘 볼 수 있게 공개적이어야 한다. '창신생활상권활성화추진위원회'는 지역 상권 활성화에 관심을 보이지 않는 상인들의 관심과 욕구를 일으키기 위해 초기에 몇몇 가게를 섭외해서 눈에 잘 띄는 '깃발'이 될 수 있는 활동을 준비했다. 깃발이 지닌 특징처럼 시간이 없어서 물품 정리가 안 되고 먼지가 쌓인 가게 대청소나 가게 외부에 POP 부착, 전문 컨설턴트 방문, 외벽 칠하기 등으로 '깃발가게'가 변화되어가는 것을 주변 상인들이 보고 느낄 수 있게 했다. 깃발가게의 가시적인 활동을 보면서 주변 가게들도 점점 지역 상권 활성화 사업에 관심을 두기 시작했다.

대전 대덕구 미호동 '넷제로 플리마켓'도 초기에는 주민디자인학교에 참여한 몇몇 주민만이 참여하는 소규모의 플리마켓에서, 지역의 많은 주민들이 적극적으로 판매자로 참여하고 플리마켓 전 과정을 계획하는 장터로 발전하고 있다.

사건을 만들 때 주의할 점은 기획자들이 사건을 만들더라도 준비부터 진행까지 전체 과정이 주민에게 공개되어야 한다는 것이다. 공개는 언제든 함께하고 싶은 주민을 사업에 참여시켜 활력을 줄 수 있고 주민들의 의견으로 사업을 개선하는 유연한 되먹임 장치가 된다.

사건을 만들어낸 다양한 사례

골목과 수영장, 도서관과 캠핑 등 전혀 연결되지 않을 것 같은 것을 연결하는 극단적 협업은 사건을 만드는 효과적인 방식 가운데 하나다. 이제까지의 습관적인 관행에서 벗어나는 일들이 벌어지는 순간 사람들은 극도의 관심과 호기심을 보인다.

보통 잡지는 문자로 된 기사가 중요하다는 생각을 뒤바꿔버린 일본의 잡지 '타베루 통신'은 지역에서 생산되는 먹거리를 시민들과 연결하기 위해 지역 특산물을 부록으로 주는 '사건'을 기획했다. '타베루 통신'은 기사보다 소고기, 버섯, 가리비,

도미 등의 부록을 더 매력적으로 돋보이게 하기 위해 기사를 쓴다.

일본 나카쓰가와 지역에서 금속 부품을 생산하는 '가토제작소'는 신규 채용으로 오직 60세 이상의 고령자만 모집하고 고용하면서 지역사회에 기여한다.

지역의 분위기가 침체되어 어떻게 주민들을 만나고 참여시켜야 할지 모를 때 먼저 '사건'을 만들어보자. '사건'은 연쇄적으로 주민활동을 불러온다.

8
지역을 발명하는
디자인 싱킹

"디자인은 단순히 만드는 기술이 아니라 눈과 귀를 활짝 열고 생활 속에서
새로운 의문을 발견해나가는 것이다."라는 말은
디자인 싱킹을 어떻게 시작해야 할지를 분명하게 알려준다.

분석적으로 사고하고 합리적으로 계획하는 전문가들은 분명한 답을 찾기 위해 노력한다. 하지만 지역에서 일해본 경험이 있는 사람이라면 지역은 복잡하고, 모호하고, 불확실하고, 변덕스러워서 분명한 답이라는 게 있을 수 없다는 것을 잘 알고 있다.

다행스럽게도 이러한 지역 특성에 제격인 기획 방법이 있다. 문제를 가지고 사는 생활에 너무나 익숙한 나머지 문제를 알아채지 못하거나 오히려 문제가 발생하는 복잡한 상황에서 영감을 얻어 아이디어를 발명하는 디자인 싱킹(Design Thinking)이다. 디자인 싱킹은 숫자로 설명되는 데이터 정규분포 곡선을 따라가며 효율성을 목적으로 "무엇은 무엇이다. 또는 무엇은

무엇이 되어야 한다."로 정의하는 전문가들보다 흥미와 호기심으로 실험을 해보고 싶은 사람들에게 잘 어울리는 방식이다.

생활 속에서 기회를 발명하는 이성과 감성의 융합

그렇다고 디자인 싱킹이 우연히 찾아올 영감의 기회를 기다리기만 하는 것은 아니다. 발명이 시작되는 영감의 순간을 위해 매일매일 생활을 관찰하고 질문하고 통찰하면서 더 나은 생활을 위해 요구되는 물리적 기능과 감성적인 욕구를 파악하기 위해 노력한다.

일본의 대표적 디자이너 하라 켄야 교수의 "디자인은 단순히 만드는 기술이 아니라 눈과 귀를 활짝 열고 생활 속에서 새로운 의문을 발견해나가는 것이다."라는 말은 디자인 싱킹을 어떻게 시작해야 할지를 분명하게 알려준다.

디자이너들이 오랫동안 사용해온 디자인 싱킹은, 논리적으로 문제를 정의하고 분석하면서 선형적인 계획에 따라 분명한 결과를 목표로 하는 비즈니스 사고와 달리, 사용자들의 경험을 개선하기 위해 생활 현장과 일이 벌어지는 상황을 통해 기회를 발명하는 창의적 사고다. 디자인 싱킹은 이러한 창의적 사고를 위해 상황에 공감하면서 문제를 해결할 수 있는 아이디어를 발명하고 발명을 실천할 수 있는 합리적 방법을 찾아낸다. 과학적인 이성과 예술가적 감성의 융합이다.

세 개의 공간으로 이루어지는
실험적이고 실용적인 과정

디자인 싱킹은 '영감(inspiration) – 아이디어(ideation) – 실행(implementation)'의 세 개의 '공간'으로 이루어진다. 기획을 위해 필요 이상의 다른 기획 항목을 덧붙일 필요 없는, '지역의 발명'에 필요한 만큼의 과정이면서 창조적 순환이다.

별안간 '영감'이 떠오르는 순간이 있는데, 이때는 해결책이 되는 아이디어가 촉발되는 순간이다. '아이디어'는 영감을 실행할 수 있는 단계로 발전시키는 과정이다. '실행'은 프로토타입으로 만든 프로젝트(제품)가 지역에서 주민에게 경험되는 일이다. 세 개의 공간은 '영감 – 아이디어 – 실행' 순서로 되어 있지만 '영감'이나 '아이디어'는 럭비공처럼 어디서든 튀어나올 수 있다. 또 '실행'과 '아이디어'가, '아이디어'와 '영감'이 서로 중복되기도 하는 순환과정이다.

디자인 싱킹에서 자기 성격이 명확한 요소(要素)라는 말 대신에 공간이라는 말을 쓰는 이유가 있다. 공간은 요소와 같은 명사적 성격이 아닌 일이 진행되는 장소라는 취지의 동사적인 성격을 띠며, 동시에 일을 해결하는 단일한 방식이 아니라 여러 개의 일이 수시로 일어나는 것을 뜻하기 때문이다. 근본적으로 디자인 싱킹은 실험적이면서 실용적인 과정이고 이 과정에서 생각지도 않은 일들이 벌어지게 된다. 그래서 그 여정은 반복적이고 비선형적이다.

잠재된 욕구를 발견하는
디자인 싱킹 워크숍

세 개의 공간을 디자인 싱킹 기획 워크숍에서는 '공감 – 문제 정의 – 아이디어 찾기 – 시제품 만들기 – 평가하기'의 과정으로 변형하여 사용하고 있다. 이는 단계론적 사고에 익숙한 학습자를 위해 세 개의 공간을 세분화해서 정리한 것이다. 다시 강조하지만 디자인 싱킹은 단계를 차례차례 거치는 선형적 과정이 아니라 순서가 뒤바뀌고 결합될 수도 있는 복잡한 순환과정이다.

'공감'은 일반적인 기획 워크숍과 디자인 싱킹 워크숍을 비교할 때 볼 수 있는 가장 큰 차이점이다. 공감에서 바로 '영감'이 나온다. 공감은 머리로 이해하는 것이 아니라 상대방 입장에서 문제와 필요를 느끼는 것이다. 공감을 위해서 디자인 싱킹에서는 관찰과 인터뷰 두 가지 조사방법을 주로 사용한다. 관찰은(2부의 '2.지역을 발견하는 관찰' 참고) 프로젝트와 관련해 '주민들이 무슨 일을 하는지 또 하기 싫어하는지', '어떤 말을 주로 하는지 또 하지 않는지', '무엇을 좋아하는지 또 좋아하지 않는지' 등의 행동을 관찰하면서 감각적으로 문제와 필요에 공감함으로써 영감과 아이디어를 떠올리는 조사다. 여기서 감각적이라는 말은 행동 이전에 몸이 먼저 무언가를 감지하고 다층적으로 느끼는 공감활동이다. 어떤 상황(문제와 필요)이 주민들에게 불편함을 주기도 하고 기쁨, 짜증, 부드러움 등의 느낌을 주기도 한다는 것을 알아채는 것이다.

인터뷰는(2부의 '9. 질문으로 하는 발명' 참고) 문헌조사로 사전에 준비된 질문 항목을 가지고 직접 주민들의 인식과 태도 등을 알아보고 공감하기 위해 1:1 대면이나 그룹으로 질문을 하고 주민들의 이야기를 듣는 조사다. 인터뷰가 끝난 후 작성된 녹취록을 보면서 영감과 아이디어가 떠오르기도 하지만 인터뷰 중에 갑자기 영감과 아이디어가 떠오르기도 한다.

이렇게 공감은 주민들의 눈으로 지역을 바라보고, 주민들의 행동으로 지역을 이해하고, 주민들이 느끼는 감정에 공명하는 것이다. 공감은 프로젝트와 관련된 문제와 필요를 파악하는 방식으로 주민조차도 알지 못했던 잠재된 욕구를 발견하기도 한다.

다양한 아이디어를 위한 브레인스토밍

'영감'을 통해 얻은 '아이디어'는 확산과 수렴의 과정을 거친다. 발견된 문제나 필요를 풀 수 있는 다양한 아이디어가 주민들에게서 나와야 하고 주민들 스스로가 아이디어를 수렴해서 결정하는 방식이 필요하다. 다양한 아이디어를 얻기 위해서는 브레인스토밍 같은 방식을 사용할 수 있다. 좋은 브레인스토밍을 위해서는 워크숍에 참여한 주민들이 서로 신뢰와 안정감을 느낄 수 있는 분위기 형성이 절대적으로 필요하다.(2부의 '10. 칭찬이 발명을 만든다' 참고)

디자인 싱킹을 처음 정의한 팀 브라운이 대표로 있는 기업인 아이데오(IDEO)가 세운 브레인스토밍 4가지 원칙은 '판단은 뒤로 미루라', '톡톡 튀는 아이디어를 장려하라', '주제에 계속 집중하라', '타인의 발상을 존중하라'인데, 이는 지역에서도 참고할 만하다. 지역에서는 수렴의 과정을 꼭 하나의 결과로 제한할 필요는 없다.

주민들의 의지에 따라서 여러 개의 아이디어를 결정할 수도 있다. 일반적으로 순위를 정해 아이디어를 채택하는 포지티브 스크리닝(positive screening)과 달리 '네거티브 스크리닝(negative screening)'이라는 포괄적 방식은 아이디어를 제안한 주민들이 '주민 사이의 관계 만들기'라는 최소한의 원칙만 지키면 자기가 제안한 아이디어를 실행할 수 있게 기회를 주는 방식이다. 아이디어가 실행까지 가지 못하고 중간에 멈추더라도 그 과정에서 여러 가지 일을 경험하면서 내적으로 주민들의 역량이 키워진다.

실행을 위한 '부탁의 기술'

'실행'은 아이디어를 현실로 만드는 일이다. 아이디어를 현실로 이루어내기 위해서는 실행의 목표가 명확해야 하고 방법이 구체적이어야 한다. 여기에 주민 조직과 주민들이 가지고 있는 역량을 고려해야 한다. 서두르지 않고 가지고 있는 역량만큼의 목표와 방법이 필요하다.

또 지역을 발명하는 일은 '호혜 관계'에서 사업 목적이 달성될 수 있기에 도움을 청하는 '부탁의 기술'을 사용하면 좋다. '부탁의 기술'은 사회적 자본, 네트워킹, 관대함을 연구하는 미시간대학교 웨인 베이커 교수의 책 《나는 왜 도와달라는 말을 못할까》(어크로스, 2020)에 '빠른 시작법'으로 나와 있는 방법을 필자가 지역의 발명에 적절하게 적용하기 위해 정리해서 붙인 이름이다.

빠른 시작법

- 내가 현재 하는 일은 OOO이며, 나는 OOO의 도움을 받고 싶다.
- 가장 시급한 업무는 OOO이며, 이를 해결하려면 OOO을 해야 한다.
- 내가 어려움을 겪고 있는 일은 OOO이며, OOO을 하면 그 일에 도움이 될 것이다.
- 나의 가장 큰 바람은 OOO이며, 그걸 이루려면 OOO이 필요하다.

본격적인 '실행'은 한 번에 끝나는 게 아니라 지속적인 개선과 실행의 반복과정이다. 실행과정에서 주민들의 반응을 반영해 탄력적으로 사업을 개선해야 하고, 예상하지 못한 상황에 처하면 유연하게 대처해야 한다. 때에 따라서 사업을 그만두어야 할 수도 있다.

실행과정에서는 프로젝트와 관련된 전문가들의 의견을 참고할 필요가 있다. 전문가들의 앞선 경험이 예견되는 문제를 줄이기도 하고 아이디어를 확장할 기회를 주기도 하기 때문이다.

지역을 더 나은 방향으로 안내하는 디자인 싱킹

　노벨경제학상 수상자인 허버트 사이먼은 1969년에 발표한 논문 "인공의 과학(The Science of the Artificial)"에서 "기존의 상황을 더 바람직한 상황으로 바꾸기 위한 일련의 행동을 고안해내는 사람이라면 누구든지 디자인을 한다고 할 수 있다."고 하면서 "새로운 시대의 디자인은 시민과 사용자의 참여로 가능하다."고 말한다.

　지역을 발명하는 주인은 지역에 살면서 지역을 조금 더 나은 방향으로 번영시키고 싶은 생각과 욕망을 지닌 주민들이다. 디자인 싱킹은 지역주민들의 영감을 자극하는 동시에 아이디어와 실천으로 안내할 수 있다.

　실행을 위한 아이디어 개발을 위해 광고회사 비비디오(BBDO)의 창립자이자 '창조성 교육재단'을 설립한 알렉스 오스본의 '디자인을 위한 9가지 체크리스트'를 소개한다.

□ 전용 : 개조해서 다른 것으로 사용할 수 없는가?

□ 응용 : 비슷한 것은 없는가?

□ 변경 : 의미, 색, 형태, 냄새를 변화시키면?

□ 확대 : 크게 하면?

□ 축소 : 작게 하면?

□ 대용 : 다른 것으로 대체해서 사용할 수 없는가?

□ 재배열 : 요소를 교체해보면?

□ 역전 : 반대로 변환해보면?

□ 결합 : 각각의 아이디어를 조합해보면?

9

질문으로 하는 발명

첫 질문은 답변자가 자신의 입장에서 개인의 경험이나
지역에 대한 관심과 흥미를 이야기할 수 있도록 가볍게 준비하는 게 좋다.
이후 인터뷰 조사 과정에서 조금 더 구체적인 질문을 할 수 있으니까.

능숙한 지역활동가들은 말하는 것보다 듣는 것에 익숙하다. 듣기 위해 하는 질문은 문헌자료와 통계자료를 통해 미처 알지 못했던 사실을 알려주고 지역을 발명하는 과정에 주민들이 관심을 가지고 참여할 수 있게 한다. '질문에 답이 있다'는 말처럼, 질문은 지역활동가들에게 필요와 문제를 발견할 수 있게 하고 해결을 위한 아이디어를 개발할 기회를 준다.

'관심을 가지고 참여한다'는 말에서 알아차렸겠지만 질문이 할 수 있는 일은 문제와 개발의 기회 발견에서 끝나지 않는다. 지역의 발명에서 가장 중요한 주민 역량을 키우기까지 한다. 주민들은 질문에 대답하면서 본인들이 지역활동의 주인인 것을 경험하고 동시에 전문가들이 세워놓은 지역계획의 수혜자가 아니라 기획자가 되어 지역에서 경험한 자신들의 욕구와 방안을 말하고 실행을 계획한다. 지역과 주민이 질문으로 연결되고 주민들의 지역활동 경험이 시작되는 순간이다.

주민들은 지역이 지닌 문제와 답을 누구보다 잘 알고 있다

좋은 질문은 답변자가 자신이 생각하거나 마음속에는 있지만 습관적인 생활 때문에 표현하지 못했던 욕망까지도 충분히 꺼내놓을 수 있게 준비돼야 한다. 좋은 질문자는 답변자가 자신의 생각과 경험을 즐겁게 이야기할 수 있도록 도움을 주는 훌륭한 안내자여야 한다. 기능적인 인터뷰어(Interviewer)라기보다는 촉진자인 모더레이터(Moderator) 역할이다. 주민들이 자신의 필요와 문제, 욕망을 표현하는 것뿐 아니라 자기의 대답으로 발견된 아이디어를 직접 해결하고 싶은 마음으로 연결돼야 한다. 그러기 위해서 질문자는 질문과 대답이 진행되는 곳곳에서 주민활동을 제안하고 북돋을 수 있어야 한다.

자기 주도 방식의 혁신을 위한 나선형 모델은 질문에서도 중요하다. 주민에게 질문과 대답은 마을활동 안으로 첫발을 내딛는 것과 같다. 질문은 마을주민들의 인터뷰 조사결과 보고회와 주민디자인학교, 1일 워크숍 등으로 계속 이어지고 아이디어 실행 및 성과 측정까지 참여하면서 다음 활동을 계획하는 데까지 나아갈 수 있다.

하지만 일반적 경우 주민의 답변은 전문가에게만 자료로 제공되거나 준비된 절차에 필요한 형식적인 행위가 되는 경우가 많다. 주민 입장에서는 용기를 내어 어렵게 한 대답과 제안이 자기도 모르게 이유 없이 사라지면 지역사업에서 마음이 떠나고 지역활동에 냉소와 불신을 갖게 된다. 시작도 하기 전에 주민 없는 지역활성화가 되는 순간이다.

경영사상가 피터 드러커는 컨설팅에서조차 "컨설팅을 하든 무엇을 하든 질문을 하는 것, 심지어는 자기 자신에게 질문을 하는 것이 우리가 직면한 문제에 대하여 더 나은 대답, 훨씬 더 직접적인 대안을 얻기 위한 전환의 역할을 한다는 것을 알아야 한다. 해답은 늘 의뢰인에게 있다. 질문을 함으로써 비로소 의뢰인에게서 찾을 수 있다."라는 말로 질문의 중요성을 강조하고 있다.

힐러리 코텀도 자기 주도와 주민관계로 지역활동의 대전환을 실험한 내용을 담은 《래디컬 헬프》에서, 교육수준이 높아진데다 앞선 시대와 생활환경이 달라지고 과정이 중요해지면서 질문과 대답은 지역에서 당사자가 스스로 문제를 찾아 해결하는 과정이라고 강조한다. 전문가는 지역의 문제를 비슷한 지역에서 이루어졌던 익숙한 방식으로 해결하려 하지만 주민들은 지역이 가진 문제와 답을 누구보다 잘 알고 있으며 이를 해결하고 싶은 욕구가 있다는 것이다. 지역활성화의 문제와 해답, 실행과정 모두가 주민에게 달려있다.

질문을 사용하는 조사방법 : 인터뷰 조사

질문을 사용하는 조사방법에는 1:1 대면 인터뷰와 초점 인터뷰(FGI, Focus Group Interview)가 있다. 다만 전문 조사와 다르게 지역조사에서는 인터뷰도 현장 상황에 맞춰서 다양하게 변형해서 진행할 필요가 있다. 주민들이 조사에 대한 피로도가 높아서 인터뷰 조사에 관심을 보이지 않고 참여를 잘 하지 않는 경우는, 만나고 싶은 주민들을 직접 찾아가 간이 인터뷰를 진행하기도 한다.

대전 석교동에서는 '마을버스 정류장 도서관' 설치에 관한 주민들의 의견을 듣기 위해 버스정류장, 교회, 골목길, 가게 앞에 앉아있는 주민들에게 음료수를 들고 찾아가 골목길 인터뷰를 진행했고, 서울 창신동에서는 지역상권 활성화를 위해 상점 사장님들이 쉬는 시간에 맞춰 수건, 손소독제를 들고 가게를 찾아가 방문 인터뷰를 진행한 적이 있다.

대면 인터뷰는 한 사람의 답변자(인터뷰이)를 기준으로 하지만, 때에 따라서 관계된 두 사람을 함께 만나서 진행하기도 한다. 초점 인터뷰는 청년, 학부모, 귀촌인 등 비슷한 계층과 성향을 가진 답변자를 초청해서 6명 내외(답변자)의 그룹으로 진행하는데, 인터뷰에 초청되는 이들은 서로가 모르는 사이로 구성한다. 기초자치구역인 시, 군, 구의 경우 대면 인터뷰로 만나는 사람들은 전체 7~8명 내외, 초점 인터뷰는 성격이 다른 5~7개 그룹을 선정하는 경우가 많다.

질문 항목과 답변자 구성

인터뷰 조사는 본격적으로 질문 항목과 답변자를 구성하는 것에서 시작한다. 이를 위해서 지역활성화 사업계획서와 지역현황 자료, 지역에 관련된 다양한 보고서, 지방정부가 가지고 있는 지역발전 전략, 지역 기초현황 자료, 지역 관련 기사 등의 기초자료 분석을 먼저 진행한다.

기초자료 분석이 끝나면 인터뷰 조사 기획서를 작성하는데, 기획서에는 인터뷰 조사 목적 및 이슈(지역의제)와 환경, 답변자 선정조건과 구성, 질문지 구성, 운영방법과 준비물, 일정이 포함된다.

인터뷰 조사 기획서에서는 '인터뷰를 하는 이유', '질문을 통해 알고 싶은 것' 등 인터뷰 조사 목적을 분명하게 확인하고 질문의 전체 흐름을 구성한다.

질문지의 전체 구성은 도입과 이해, 태도, 욕구, 의견, 마무리, 6개로 구분하여 여기에 해당하는 구체적인 질문 항목을 작성한다. 질문 항목은 글로 작성하지만 앞에 사람을 두고 말하는 것과 같이 구어체로 작성해서 대화를 하듯 자연스럽게 진행될 수 있게 준비한다.

답변자 구성은 기초자료 분석을 통해 '지역의 영향자가 누구인지', '해당 사업과 연관된 주민이 누구인지', '지역 상황으로 볼 때 전략적으로 만나볼 대상은 누구인지' 등을 고려해 선정한다. 일반적인 지역활성화 사업의 경우 지역 영향자 그룹과 잠재적 활동가 그룹으로 초등학교 저학년(3학년까지)까지의 아이를 둔 학부모와 청년 그룹을 포함한다. 그리고 지역 성격에 따라 중요한 직업군이 되는 자영업자, 농민, 사회적경제 기업인 등을 인터뷰 조사 대상으로 하기도 한다. 별도로 지역의 관계 지도 작성을 위해서 담당 공무원을 포함한 지역문화센터, 사회적경제지원센터, 공동체지원센터 등 관계 조직 대표나 담당자 등을 답변자로 선정하기도 한다.

인터뷰 장소와 시간, 준비물

인터뷰 조사 장소와 노트북, 녹음기, 음료와 다과, 사진기 등을 기본적으로 준비해야 하고 참가자들의 기본적인 정보를 확인하기 위해 참석자 설문지도 필요하다.

인터뷰 조사 장소로는 사람들이 많이 지나다니지 않는 곳이 좋고, 딱딱한 분위기의 회의실보다는 편안하게 이야기 나눌 수 있는 독립된 장소가 좋다. 인터뷰 조사 참가자에게 줄 참석자 수당 또는 선물도 준비한다.

인터뷰 조사에서 대면 인터뷰는 1시간, 초점 인터뷰는 1시간 30분 정도로 진행한다. 초점 인터뷰는 주제 그룹별로 나누어 진행하고, 때에 따라서 주제 그룹을 1, 2그룹으로 복수로 구성해서 진행할 수도 있다. 인터뷰 조사 장소에는 진행자와 기록자, 답변자만 참석한다. 답변자가 외부 참석자를 의식해서 이야기하기를 꺼릴 수 있기 때문이다.

대면 인터뷰와 초점 인터뷰 모두 진행자와 기록자 두 명이 참석하고 답변자의 말을 녹취할 수 있는 녹음기(핸드폰 녹음기)를 준비해서 답변자의 사전 허락을 받아 녹취를 한다. 인터뷰하는 동안에는 녹취와 별도로, 답변자가 질문 내용과 관계없이 강조하는 특이점과 개인적인 경험과 관련된 이야기, 이야기할 때의 태도 등을 관찰하여 기록해두었다가 나중에 보고서를 작성할 때 녹취록과 함께 활용한다.

인터뷰 조사와 특이성을 통한 발견

주민조사의 경우 질문하는 사람을 주민연구원으로 구성할 것을 추천한다. 이럴 때 주민들이 조금 더 편안한 분위기에서 이야기를 나눌 수 있고, 주민연구원(잠재활동가) 입장에서는 지역을 조금 더 잘 파악하는 기회가 되어 자신의 활동에 자부심을 가질 수 있기 때문이다. '종로 마을공동체 활성화 계획 수립'에도 주민연구원이 지역주민들을 인터뷰하고 지역사업 계획에 참여할 수 있게 시도하였다.

인터뷰 조사의 변형된 방법인 '원탁대화'나 '집담회'가 초점 인터뷰와 다른 점은, 참석자를 주제에 따라 구분하지 않고 다양한 사람들이 함께 이야기를 나눈다는 점이다. 이런 경우에 다른 문제와 욕구들이 서로 영향을 주면서 새로운 아이디어가 나오기도 한다.

인터뷰 조사가 끝나면 녹취록을 작성하고 참가자들이 중요하게 이야기한 내용이나 특이한 사항을 도입과 이해, 태도, 의견, 욕구, 마무리, 6개로 구분된 질문지 구성에 따라 정리한다. 여러 사람이 공통되게 한 이야기가 아닌 특이한 의견은 오히려 익숙하게 알고 있는 평소 생각과 다른 중요한 사항을 발견하는 기회가 될 수 있다.

공동체 활성화 사업을 위한 인터뷰 때 보통은 가장 필요한 지원으로 '지원사업의 연장'과 '지원금 확대'를 이야기하는데, 한 인터뷰 조사에서 특이하게 지원금을 받고 싶지 않다는 대답이 있었다. 이유는, 지원금이 구성원들 사이에서 갈등을 일으키고 재미있게 하던 일들이 관리되고 압박받으면서 일하기 싫어지게 되기 때문이라는 것이다.

인터뷰 실행계획

또 공동체와 관련된 인식 조사에서는 인터뷰에 참가한 다수의 사람들이 이제까지 경험한 대로 공동체를 '함께하는', '희생하는', '똑같은' 등으로 이야기했지만, 한 청년은 '개인의 이익을 공유하는 것'이라는 특이한 답을 했다. 이 답은 지금까지의 공동체 활동에 청년들 참여가 저조한 이유와 공동체 내에서 갈등이 자주 발생하고 작은 공동체들이 해체되는 이유를 알려주는 중요한 열쇠가 되고 있다. 이후 새로운 공동체는 '네트워크 개인주의'나 '포용적 개인주의'라는 이름으로 결국 구성원 각각의 욕망을 바탕으로 구성되어야 한다는 사실이 학자들 연구로 확인되기도 했다.

특이성과 함께 인터뷰 조사에서는 통찰적인 인사이트와 같은 자료 해석이 중요하다. 인사이트는 분석된 내용을 주민들의 생활과 관련지어 다양한 문제들을 중층화해 몇 가지 문제 해결

의 아이디어를 발견해내는 능력이다. 발명된 아이디어는 보고
서를 작성하는 과정에서 지역활성화 사업방향과 제안으로 정
리된다.

질문 만들기

지역활성화와 관련된 첫 질문은 답변자가 자신의 입장에서
개인의 경험이나 지역에 대한 관심과 흥미를 이야기할 수 있도
록 가볍게 준비하는 게 좋다. 이후 인터뷰 조사 과정에서 조금
더 구체적인 질문을 할 수 있으니까, 한 번에 질문을 다 하기보
다는 차근차근 진행해야 한다.

개인 입장에서 지역에 대한 관심과 흥미를 이야기할 수 있도록
《래디컬 헬프》의 저자 힐러리 코텀은 처음 만나는 주민에게
이렇게 질문하기를 제안한다.

"지역을 바꿀 수 있을까, 지역을 활성화할 수 있을까, 지역이
성장할 수 있을까?"라는 질문보다 주민에게 "당신의 삶은 어
떤가요, 당신은 무엇을 하고 살며, 무엇에 관심을 가지고 있고,
무엇을 원하나요, 그리고 우리가 그것을 실현하기 위해 어떻게
협력할 수 있을까요?"라고 물음으로써 "당신이 당신을 스스로

돕기 위해 우리에게 무엇을 요구하시겠어요?"를 돌아보게 해야 한다. 새로운 발명은 기존의 존재와 다른 지점에서 출발한다. "기존 서비스들을 어떻게 고치느냐"는 질문 대신, 바로 주민 곁에 서서 "변화를 만들어내기 위해 어떻게 도와드릴까요?"라고 질문한다. 무엇이 삶의 문제를 불러일으키며 문제의 밑바닥에 있는 것이 무엇인지 근본에 대한 탐색에서부터 시작한다. 우리가 함께 무엇을 바꿔야 할지, 어떻게 해야 바꿀 수 있고 누가 우리를 도울 수 있을지?

- 《래디컬 헬프》 중에서

야마자키 료는 지역에 들어서자마자 질문을 시작한다.

"사소한 일이라도 마을을 위해서 어떤 재미있거나 특이한 활동을 하고 있습니까?"
"그 활동을 하는 데 가장 어려운 점은 무엇입니까?"
"당신이 이 마을에서 가장 재미있다고 생각하는 사람 3명을 소개해주세요.(직접 소개해주도록 부탁)"

대전 대덕구 미호동넷제로공판장을 주민이 직접 디자인하기 위한 첫 작업으로 실행한 주민이 하는 주민 인터뷰 지역조사에서는 다음과 같은 질문을 했다.

"선생님이 좋아하시는 것은 무엇인가요?"

"선생님이 잘하는 것은 무엇인가요?"

"주로 남는 시간에는 무엇을 하시나요?"

"마을에 자랑할 만한 것은 무엇인가요?"

"마을에 재주 있는 분은 누군가요? 그분은 어떤 재주를 가지고 있나요?"

미호동넷제로공판장 지역주민 자원조사는 질문자가 고령에 인터뷰를 진행한 경험이 없었음에도 훌륭하게 주민을 만나 마을의 중요한 자원을 조사하면서 미호동넷제로공판장 사업에 주민들이 관심을 갖게 하는 계기가 되었다.

질문을 구성하는 6개 항목

본격적인 질문 항목은 지역활성화 사업의 성격과 목적에 따라 6개(도입, 이해, 태도, 욕구, 의견, 마무리) 안에서 준비하면 된다.

- '도입'에서 질문자는 자신의 소개와 인터뷰 조사의 목적과 진행에 관련된 내용을 안내하고 답변자도 자신을 소개한다.
- '이해'는 지역활성화와 관련된 사업에 대한 인지, 참가 경험 여부와 어느 정도의 정보를 어떻게 알게 되었는지 등을 질문한다.

항목	비고
조사를 하는 목적은 무엇인가?	구체적으로
답변자(개인 또는 그룹) 프로필은?	답변자의 간략한 프로필
질문을 통해 무엇을 알고 싶은가?	3가지 이상
조사를 통해 기대하는 결과는 무엇인가?	구체적으로
질문 목적과 관련된 답변자 생활 경험은 무엇이 있는가?	3가지 이상
질문 목적과 관련되어 답변자 주위 사람들의 생활 경험은 무엇이 있는가?	답변자가 알고 있는 구체적인 내용
답변자의 제안하고 싶은 아이디어는 무엇인가?	조사 목적과 관련된 내용

질문 작성을 위한 체크 리스트

- '태도'는 지역활성화 사업에 대한 이미지에 대해, 그리고 전체와 개별적인 사업내용에 따라 답변자가 좋아하고 싫어하는 태도와 이유에 대해 질문한다.
- '의견'은 지역활성화 사업에 대한 자기 개인의 의견과 그 의견의 배경과 이유에 대해 질문한다.
- '욕구'는 개인적인 활동 욕구를 확인하고 지역활성화 사업과 연결하여 앞으로의 참가 여부 등에 대해 질문한다.
- '마무리'는 추가적으로 하고 싶은 이야기와 앞으로의 지역활성화 사업활동을 소개하고 참여를 부탁한다.

전체적으로 포괄적인 질문에서 시작해 구체적인 질문으로

항목	내용
도입	진행자 및 참가자 소개 / 인터뷰 조사 목적 및 진행방법 안내
이해	지역활성화 사업 인지 및 참가 경험 / 알고 있는 정보 내용 및 인지 경로
태도	지역활성화 사업과 관련된 이미지 및 호감 / 추천 여부
의견	지역활성화에 관련된 개인 의견 및 이유
욕구	지역활동 욕구 및 지역활성화 사업 참가 의향 / 기타 의견
마무리	지역활성화 사업에 대한 관심과 참여 부탁 / 정리 및 인사

질문을 구성하는 6개 항목

깔때기 모형으로 좁혀가는 것이 좋다.

피터 드러커의 원칙에 바탕을 둔 비영리대학원 CIAM(캘리포니아 경영선진연구원)을 공동 설립하고 현재 원장을 맡고 있는 윌리엄 코헨은 피터 드러커의 영향을 받아 좋은 질문을 하기 위해서 필요한 9가지를 안내하며 더 많은 질문을 찾기를 요청하고 있다.

1. 질문이 답변자와 대화를 계속 이어가기 위한 촉매제로 작용하는가?
2. 질문이 호기심을 자극하는가?
3. 질문이 새로운 아이디어를 개발하도록 자극하는가?
4. 질문이 답변자에게 제안을 하도록 자극하는가?

5. 질문이 다양한 견해나 반응에 개방적인가?

6. 질문이 답변자에게 어떻게, 왜에 대한 대답을 요구하는가?

7. 질문이 해당 주제에 관한 논쟁을 보여주는 데 도움이 되는가?

8. 질문이 질문자의 활동과 직접적으로 연관되는가?

9. 질문이 질문자에게 자기 자신의 생각을 검토하도록 하는가?

질문만큼 중요한 질문자의 태도

인터뷰 조사에서는 질문 항목 못지않게 질문자의 태도가 중요하다. 질문자는 인터뷰 내내 답변자에게 집중해야 한다. 답변자에게 대답할 시간을 충분히 주고 대답하는 내용에 따라 질문 순서를 바꾸기도 하고 새로운 질문을 만들기도 하면서 탄력적으로 질문을 할 수 있어야 한다. 답변자의 말을 부정하거나 되도록 중단하지 말아야 한다. 답변자의 이야기가 질문에서 계속해서 벗어나는 경우에만 말을 중단한다.

질문자는 질문 외에 자신의 의견을 말하지 않아야 하고 답변자의 말 중간중간에 그의 말에 집중하고 있으며 공감한다는 표현을 해주는 것이 좋다. 자세 또한 답변자의 몸 쪽으로 기울이는 것이 답변자가 자신의 이야기에 집중하고 있다고 여기게 한다.

질문을 하면서 머뭇거릴 필요가 없다. 누가 지역활성화를 위

한 방법을 알 수 있겠는가? 질문은 지역을 위해 함께 활동하자
는 첫 번째 제안이다.

서울 종로구 마을공동체 활성화
기본계획 수립을 위한 질문지

주민 인터뷰 GUIDE - LINE

PART1. Warming-Up(5분)

인터뷰어 소개
안녕하세요! 종로구 마을공동체 현황조사를 진행하고 있는 OOO입니다.

인터뷰 목적
이 인터뷰는 종로구 마을공동체 현황과 지원방안을 마련하기 위해 마을공동체 활동의 당사자인 주민들을 대상으로 마을공동체 활동의 경험과 욕구를 알아보는 인터뷰입니다.
약 1시간가량의 인터뷰에서 OOO님에게 마을공동체 활동에 대한 의견을 듣고, 들려주신 이야기는 종로 마을공동체 활동에 중요한 자료로 사용할 계획입니다.

진행방법 설명
- 질문에는 특별히 정해진 답이 없습니다. 편하게 생각나시는 이야기를 해주시면 됩니다.
- 인터뷰어는 진행을 질문항목과 답변자가 대답하는 내용에 따라 탄력적으로 진행합니다.

PART 2. 기본정보(5분)

1. 본인 소개를 부탁드립니다.
   (본인 소개를 듣고 다음 항목을 확인해서 답변자 기본정보로 작성해주세요.)
   1-1. 성명
   1-2. 사는 동네(동)
   1-3. 거주기간
   1-4. 연령대
   1-5. 하는 일
   1-6. 가구구성(결혼 유무, 1인 가구 또는 0인 가구)
   1-7. 주거형태(아파트(집합주택)또는 개인주택)

PART 3. 개인활동(10분)

1. 종로구(지역)에서 이용하고 있는 시설과 프로그램이 있으십니까?
   (예 : 도서관 / 수영장 / 주민강좌 등)
   1-1. 있다면 어떻게 알고 참여하게 되었습니까?
   1-2. 시설과 프로그램에 만족하십니까? 이용하시면서 불편하거나
        필요한 것이 있다면 어떤 것들이 있습니까?
2. 종로구(지역)에서 하고 있는 모임이나 활동이 있으십니까?
   (예 : 학부모 모임, 운동 모임 등)
   2-1. 활동이 있다면 어떤 이유로, 어떻게 알고 참여하게 되었습
        니까?

3. 종로구(지역)에서 개인적으로(또는 가족이 함께) 하고 싶은 활동이
   있습니까? 있다면 어떤 활동을 하고 싶으십니까?
4. 종로마을공동체(센터) 활동을 알거나 참여한 경험이 있으십니까?

PART 4. 태도 / 경로 / 호감(25분)

마을활동에 참여한 주민

1. 어떤 활동에 참여하셨습니까? (복수 응답 가능)
   1-1. 어떻게 알고 참여하시게 되었습니까?
   1-2. 어떤 계기로 참여하시게 되었습니까?
2. 참여하고 나서 좋았다면 그 이유를 설명해주시겠습니까?
3. 참여하고 나서 만족스럽지 않았다면 그 이유를 설명해주시겠습니까?
4. 지금도 계속해서 마을공동체 활동에 참여하고 계십니까? 참여
   하지 않으신다면 어떤 이유에서 계속 참여하지 않으십니까?

마을활동에 참여하지 않은 주민

1. (알고 계신 분께) 알고 있으면서 참여하지 않은 이유는 무엇입니까?
2. (몰랐던 분께 마을공동체 활동을 간략하게 설명하고) 알았다면 참여하
   시고 싶은 의향이 있으십니까?

참여와 미참여 공통

1. 주위 분들에게 종로마을공동체(센터) 활동에 대한 이야기를 들으
   신 적이 있습니까? 있다면 어떤 이야기들을 들으셨습니까?

2. 생각하시기에 마을공동체 활동을 진행하는 데 어려움이 있다면 무엇입니까? 필요한 주민지원은 무엇이라고 생각하십니까?
3. 종로마을공동체(센터) 활동에 하고 싶은 제안이나 이야기가 있다면 무엇입니까?

PART 5. 기타(10분)

1. 지역에서 개인적으로 하고 싶은 일들이 있다면 무엇입니까?
    1-1. 개인적으로 하고 싶은 일들이 제공된다면 시간을 내서 마을 공동체 활동에 참여할 의향은 있으십니까?
2. 코로나19 이후에 생활에서 달라지거나 (마을에서) 필요한 일들이 생긴 게 있다면 무엇이 있으십니까?
3. 종로에 마을공동체 활동에 유, 무형의 자원이 있다면 무엇이 있는지 생각나는 것들을 말씀해 주시겠습니까?

PART 6. 마무리(5분)

마지막으로 종로마을공동체 활동과 관련해서 해주실 조언이 있다면 말씀해주십시오.
고맙습니다. 앞으로 종로 마을공동체 활동에 더 많은 관심과 참여 부탁드립니다.

– 출처 : 《종로구 마을공동체 현황과 활동 지원방안 인터뷰조사》

10
칭찬이 발명을 만든다

'그리고'란 말은 단정이 아니라 수평적으로 계속 말을 이어가며
다양한 관점과 사고방식으로 누군가가 제시한 아이디어를
더 풍부하게 할 수 있는 힘을 가지고 있다.

어떤 회의에서나 자주 들을 수 있는 말이 '그런데', '하지만'
이다. 이 말 뒤에는 대개 누군가가 제안한 아이디어나 의견에
대한 비판적인 의견이 뒤따른다.

"아이디어는 좋아. 그런데 현실성이 없어."

"하지만 가지고 있는 예산과 기한으로 맞출 수 없을 것 같아."

부정과 일방적인 비판은 아이디어를 낸 사람에게는 자신이
인정받지 못하고 있다는 신호가 된다. 그리고 이 말을 들은 사
람들은 이렇게 생각한다.

"내가 왜 여기에 있는 거지? 어차피 얘기해도 되지도 않을
일인데."

그리고 다음부터는 의견을 내지 않는다. 아무리 민주적인 회

의방식이라도 몇몇 사람이 주도하는 회의에서 주민들은 이러한 부정적 경험(학창시절부터 계속 경험한)을 하게 된다.

사람들은 누구나 인정받고 싶어 한다. 자신이 낸 아이디어를 다른 사람들이 알아봐주기 바라고 칭찬받기를 원한다. 인정받는다는 느낌을 받으면 모든 일에 더 적극적이고 생산적이고 창의적이게 되며 만족감을 느낀다. 긍정과 칭찬이 가진 힘이다.

긍정과 칭찬을 부르는 '그리고'

긍정과 칭찬을 불러올 수 있는 말이 있다. '그리고'란 말은 단정이 아니라 수평적으로 계속 말을 이어가며 다양한 관점과 사고방식으로 누군가가 제시한 아이디어를 더 풍부하게 할 수 있는 힘을 가지고 있다.

아이디어가 필요할 때 자주 하는 회의방식인 브레인스토밍을 떠올려보면 알 수 있다. 브레인스토밍은 '그리고'의 긍정적인 힘을 잘 보여준다. 브레인스토밍에서는 새로운 아이디어를 찾기 위해 누구나 자유롭게 '그리고'를 시작으로(또는 '그리고'를 넣지 않더라도) 자신의 의견을 말하며, 결과를 판단하지 않고 그대로 포스트잇에 적어 붙인다. 브레인스토밍 과정은 최고의 아이디어가 나올 때까지 회의에 참가한 사람들에게 '1+1=3'이 될 수 있도록 집단적인 영향을 주며 무수한 오답을 예상하고 허용한다.

좋은 브레인스토밍은 두 개의 결과를 가져온다.(나쁜 브레인스토밍은 회의에 참가한 전원이 의견을 내놓는 게 아니라 몇몇 사람에 의해 주도되는 경우다.) 하나는 해결책이 될 수 있는 다양하고 많은 양의 아이디어를 발명할 수 있다는 것이고, 다른 하나는 매력적인 아이디어를 계속 집단적으로 연상하면서 아이디어를 더욱 풍부하게 확장할 수 있다는 것이다.

주민들 안에서 다양한 경험과 관점을 인정하는 사이

지역활성화를 위한 아이디어를 찾는 과정에서 '그런데', '하지만'이라는 부정적인 접속어는 오히려 구성원들의 사기를 떨어트린다. 반면에 '그리고'라는 접속어는 긍정과 칭찬을 가져올 수 있다. 마치 브레인스토밍을 하듯, '그리고'라는 말을 통해 다양한 사람들의 각양각색 생각들이 연결되고, 무수히 많은 오답들을 허용하다 보면 오히려 더 풍부하고 창의적인 아이디어가 발명될 수 있다. 이처럼 긍정과 칭찬은 지역공동체 내 구성원들을 더욱 적극적으로 만들고, 생산적이고 창의적일 수 있게 도와준다.

흔히 지역활성화를 위한 아이디어를 찾기 위해 전문가에게 기대는 경향이 있다. 하지만 전문가가 가진 좁고 깊은 지식이 문제해결에 무의식적인 편견을 부른다고 복잡성 이론가이자 다양성 전문가인 스콧 페이지는 주장한다. 스콧은 지금과 같은 상황에서 복잡한 문제를 해결하는 데는 전문지식보다 '경험의 다양성', '다양한 사고방식', '새로운 관점', '다른 세계관' 등이 훨씬 더 중요하다고 한다. 주민들 안에서 서로 인정하고 칭찬하는 사이에 지역을 활성화할 수 있는 아이디어는 언제든 발명될 준비가 되어 있다. '그러나' '하지만' 대신에 '그리고'로 말을 시작해보자.

> "창의성이란 독립적인 존재가 아니며,
> 수십 명의 사람들과 수만 가지의 의사결정을 통한 결과물이다."
>
> — 에드 캣멀, 픽사의 창시자

역동적인 생명활동의 터전으로 마을을 새롭게 창조하는 법

지역의 발명

ⓒ 이무열

1판 1쇄 인쇄 2022년 12월 19일 **1판 1쇄 발행** 2022년 12월 28일

지은이 이무열

펴낸이 전광철 **펴낸곳** 협동조합 착한책가게

주소 서울시 마포구 독막로 28길 10, 109동 상가 b101-957호

등록 제2015-000038호(2015년 1월 30일)

전화 02) 322-3238 **팩스** 02) 6499-8485

이메일 bonaliber@gmail.com

홈페이지 sogoodbook.com

ISBN 979-11-90400-43-5 (03300)

• 책값은 뒤표지에 있습니다.

• 잘못된 책은 구입하신 서점에서 바꾸어 드립니다.